Étonnants Burgers

Étonnants Burgers

UNE AVENTURE GUSTATIVE RICHE EN REBONDISSEMENTS

Copyright © Parragon Books Ltd
Chartist House
15-17 Trim Street
Bath, BA1 1HA
Royaume-Uni

Édition française
Copyright © 2013

SP Éditions
64, rue Tiquetonne
75002 Paris
France

Réalisation : InTexte, Toulouse

Tous droits réservés.
Aucune partie de ce livre ne peut être reproduite, stockée ou transmise par quelque moyen électronique, mécanique, de reprographie, d'enregistrement ou autres que ce soit sans l'accord préalable des ayants droit.

ISBN : 978-2-36396-070-2

Imprimé en Chine

Nouvelles photographies : Mike Cooper
Stylisme culinaire : Lincoln Jefferson
Nouvelles recettes et introduction : Tara Duggan
Mise en page et graphisme : Lexi L'Esteve
Édition : Kerry Starr

Notes au lecteur
Une cuillerée à soupe correspond à 15 à 20 g d'ingrédients secs et à 15 ml d'ingrédients liquides.
Une cuillerée à café correspond à 3 à 5 g d'ingrédients secs et à 5 ml d'ingrédients liquides.
Sans autre précision, le lait est entier, les œufs sont de taille moyenne et le poivre est du poivre noir fraîchement moulu.

Les temps de préparation et de cuisson des recettes pouvant varier en fonction, notamment, du four utilisé, ils sont donnés à titre indicatif. Les ingrédients facultatifs, les variantes ainsi que les suggestions de présentation ne sont pas inclus dans les temps indiqués.

La consommation des œufs crus ou peu cuits n'est pas recommandée aux enfants, aux personnes âgées, malades ou convalescentes et aux femmes enceintes. De même les femmes enceintes et les personnes souffrant d'allergies doivent éviter de consommer des cacahuètes ou des fruits à écales ainsi que les produits qui en sont dérivés. Vérifiez toujours que les ingrédients prêts à l'emploi n'en contiennent pas.

Crédits photographiques
Viande hachée au poivre du moulin © Linda Lewis/Getty Images (page 9)
Ingrédients des burgers © Leigh Beisch/Getty Images (page 9)

SOMMAIRE

Introduction — 6

Les grands classiques — 12

Burgers très gourmets — 64

Burgers exotiques — 116

Les accompagnements — 168

Index — 220

L'HISTOIRE DU BURGER

L'humanité consommait des galettes de bœuf haché depuis déjà des siècles, mais l'appellation « burger steak », apparue aux États-Unis dans les années 1800, fut probablement introduite par les immigrants d'origine allemande qui commandaient cette préparation dans les restaurants. Néanmoins, le mystère demeure quant à l'identité de celui qui eut l'idée le premier de glisser ces galettes de bœuf haché entre deux tranches de pain.

En 1885, lors de la foire de Seymour, dans le Wisconsin, Charles Nagreen aurait servi des « burgers steaks » entre deux tranches de pain pour faciliter leur consommation. En 1892, Frank Menches, qui tenait un stand à la foire de Akron, dans l'Ohio, se retrouva dit-on à cours de saucisses et décida de hacher du bœuf frais pour confectionner ses sandwiches. Un certain Louis Lassen aurait inventé le burger dans les cuisines de son petit restaurant de New Haven, dans le Connecticut, à peu près vers la même époque.

Le burger gagna en popularité au cours de la première moitié du XXE siècle, s'imposant dans les chaînes de restauration rapide à travers tout le sud de la Californie, jusqu'à devenir le symbole même de la gastronomie américaine. Il a aujourd'hui conquis la planète, de l'Australie, où la mode veut qu'il soit accompagné de betteraves au vinaigre, parfois même d'un œuf frit et d'ananas (VOIR PAGE 126), à la Corée, où il est proposé garni de chou épicé fermenté ou kimchi (VOIR PAGE 140), en passant par le Japon, où les burgers façon bento se présentent comme des petits pains de riz moulés (VOIR PAGE 138).

Le burger traditionnel se décline désormais en versions à la volaille, au poisson, ou végétariennes, et les chefs étoilés n'hésitent pas à revisiter le mythe, en y intégrant foie gras et truffes, ou condiments personnalisés. La recette authentique est aujourd'hui réinventée, avec plus ou moins de bonheur, aux quatre coins du monde.

MATÉRIEL

Du fait de ses origines modestes, le burger se révèle peu exigeant sur le plan du matériel. Un couteau bien aiguisé pour trancher les tomates, une poêle à frire, un gril ou un barbecue... L'indispensable se résume à trois fois rien.

· Bols à mélanger.

· Spatule pour retourner les galettes de viande.

· Couteau pour trancher les tomates, la laitue et autres condiments.

· Fouet pour préparer les sauces, la mayonnaise par exemple.

· Poêle ou gril en fonte rainuré : les poêles à fond épais répartissent mieux la chaleur et permettent de saisir la viande.

· Grilles et plaques de four

· Barbecue au charbon ou au gaz

· Moulin à épices et robot de cuisine (facultatif) pour hacher soi-même la viande (*voir* page 92).

LA PRÉPARATION PARFAITE

La préparation d'un burger n'a rien de compliqué en soi, à condition de savoir confectionner la garniture idéale et de ne pas trop la cuire! La viande ne doit jamais être trop travaillée, car elle perdrait tout son moelleux à la cuisson.

La viande de bœuf fraîchement hachée est la plus simple à travailler, à la fois sèche et humide pour rester bien homogène. Si la viande de dinde, de poulet et de porc, souvent plus humide, se révèle moins facile à façonner en galettes, l'ajout de chapelure solutionne le problème. Le façonnage de galettes végétariennes subit la même loi.

Pour façonner les galettes, déposer la viande dans un bol, ajouter en une fois tous les ingrédients et les assaisonnements, et bien mélanger le tout – de préférence à la main.

Diviser la préparation en portions égales. Aplatir délicatement les portions pour former des galettes de taille égale. Si possible, façonner des galettes légèrement plus grandes que les pains, sachant qu'elles réduiront de taille à la cuisson. De même, former des bords plus épais ou une fossette au centre, de sorte que la viande se rétractant donne une galette d'épaisseur égale.

LA CUISSON PARFAITE

Les méthodes de cuisson rapide à température élevée, sans graisse, restent les meilleures pour obtenir des galettes dorées à point en surface, mais moelleuses à l'intérieur.

Frit et grillé
La méthode de cuisson classique, avec une poêle ou un gril en fonte préchauffés, et un peu de matière grasse. La galette cuit à feu moyen/vif, jusqu'à ce qu'elle ait une belle croûte dorée.

À l'étouffée
Ce mode de cuisson prolonge la cuisson à la poêle pour conserver tout son moelleux à la viande. Lorsque la galette de viande grille, il faudra couvrir la poêle pour parfaire la cuisson.

Au barbecue
Si le barbecue au charbon apporte un fumé inimitable, le gaz reste plus facile d'utilisation. Pour vérifier le degré de température après préchauffage, maintenir la main à 3 cm environ de la grille. Le temps qui s'écoulera avant que la chaleur devienne insupportable détermine le degré de chaleur de la grille :

Élevé : environ 3 secondes
Moyen : environ 5 secondes
Faible : environ 7 secondes

Fumé
Une papillote en aluminium remplie de copeaux de bois libère une fumée qui se mêle aux saveurs de la galette lors d'une cuisson dans un barbecue fermé (*voir* page 94). Cette méthode de cuisson exige un barbecue équipé d'un couvercle ou d'une cloche.

Au gril
La méthode de cuisson la plus facile et la moins salissante, idéale pour les galettes de poisson, de volaille, ou végétariennes, qui ont tendance à accrocher à la grille d'un barbecue. Une alternative pour toutes les recettes de burgers au barbecue, lorsque le temps ne se prête pas à une cuisson à l'extérieur.

TRUCS ET ASTUCES

Choisissez avec soin les pains à burger. Les amateurs préfèrent des pains tendres dont la saveur ne dénature pas celle des galettes à base de viande ou de légumes. Ne réchauffez pas trop les pains, au risque de les sécher et de les griller.

Presque toutes les viandes fraîches peuvent être hachées par vos soins. Détaillez la viande en cubes de 2,5 cm, et laissez-la reposer au réfrigérateur avant de la hacher, afin qu'elle ne se transforme pas en purée (notamment lors du hachage de la volaille).

La viande est un ingrédient sensible. Si vous la travaillez trop en façonnant les galettes, elle sera coriace après cuisson.

Si vous aimez la viande bien cuite, intégrez du fromage râpé ou des légumes hachés à la préparation pour qu'elle ne sèche pas trop. Certains ajoutent de la glace pilée à la viande hachée. Comptez 2 glaçons pilés pour 450 g de viande (à préparer sans attendre, pour des raisons évidentes).

Tenez compte de la teneur en matière grasse de la viande. Une galette doit cuire à température élevée, et une viande pauvre en matière grasse serait trop sèche après cuisson. Optez pour de la viande de bœuf présentant 18 à 22 % de matière grasse, comme le paleron. Pour le poulet et la dinde, préférez les cuisses.

Préchauffez toujours la poêle, le gril ou le barbecue avant d'y poser les galettes. C'est indispensable pour bien dorer les galettes et éviter que la viande adhère à la surface de cuisson.

Pas d'excès de zèle avec les galettes ! Si vous les tournez et les retournez plusieurs fois en cours de cuisson. Résultat ? Des galettes plus coriaces !

Si vous peinez à former des galettes homogènes – notamment avec des préparations à base de volaille, de poisson ou végétariennes –, ajoutez de la chapelure. Mettez les galettes 15 minutes au réfrigérateur pour une meilleure tenue à la cuisson.

Certaines recettes exigent de couvrir le barbecue. Dans ce cas, rien ne vaut un modèle de barbecue à couvercle ou à cloche. L'accessoire enrichit les galettes d'un fumé inimitable et assure une cuisson plus uniforme. Ce modèle de barbecue est recommandé pour l'effilochée de porc (*voir page 66*) et les burgers fumés (*voir page 94*).

BURGERS TRADITIONNELS

PRÉPARATION : 15 minutes, plus refroidissement **CUISSON :** 20 minutes

Ces burgers traditionnels sont agrémentés d'ail et de moutarde, mais rien ne vous empêche de les préparer nature : bœuf, sel et poivre.

POUR 4 À 6 BURGERS

- 450 g de viande de bœuf hachée
- 1 oignon, râpé
- 2 à 4 gousses d'ail, hachées
- 2 cuil. à café de moutarde à l'ancienne
- 2 cuil. à soupe d'huile de tournesol
- poivre
- 4 à 6 petits pains, coupés en deux
- ketchup maison (*voir* page 170)
- frites, en accompagnement (*voir* page 206)

OIGNONS FRITS

- 2 cuil. à soupe d'huile d'olive
- 4 oignons, coupés en fines rondelles
- 2 cuil. à café de sucre blond

1. Préparer le barbecue. Placer la viande, l'oignon, l'ail, la moutarde et le poivre dans un grand saladier et mélanger le tout en pressant bien avec les mains. Façonner 4 à 6 galettes avec le mélange, puis couvrir et mettre 30 minutes au réfrigérateur.

2. Pendant ce temps, préparer les oignons frits. Chauffer l'huile d'olive dans une poêle à fond épais, ajouter les oignons et les faire revenir jusqu'à ce qu'ils soient tendres. Ajouter le sucre et cuire encore 8 minutes en remuant de temps en temps, jusqu'à ce que les oignons aient caramélisé. Égoutter sur du papier absorbant et réserver au chaud.

3. Vérifier que les galettes soient bien fermes, puis les enduire généreusement d'huile. Les faire griller au barbecue 5 minutes de chaque côté, jusqu'à ce qu'elles soient cuites selon son goût. Faire également griller les petits pains au barbecue. Disposer les galettes dans les petits pains, ajouter les oignons frits et servir immédiatement, garni de ketchup et accompagné de frites.

CHEESEBURGERS

PRÉPARATION : 10 minutes   **CUISSON :** 12 minutes

POUR 4 BURGERS

650 g de viande de bœuf hachée
1 cube de bouillon de bœuf
1 cuil. à soupe d'oignon séché en poudre
2 cuil. à soupe d'eau
1 à 2 cuil. à soupe d'huile de tournesol
50 g de fromage râpé
feuilles de laitue
4 petits pains, coupés en deux
rondelles de tomates
frites, en accompagnement (*voir* page 206)

1. Placer le bœuf dans un grand saladier. Émietter le cube de bouillon sur la viande, ajouter l'oignon séché et l'eau, et bien mélanger le tout. Diviser le mélange en 4 portions, puis façonner les portions en galettes de l'épaisseur de son choix.

2. Chauffer un gril en fonte rainuré ou une poêle à feu moyen à vif. Huiler légèrement les galettes et les faire griller 5 à 6 minutes. Retourner les galettes, les parsemer de fromage râpé et les laisser griller encore 5 à 6 minutes, jusqu'à ce qu'elles soient cuites selon son goût.

3. Répartir les feuilles de laitue sur la partie inférieure des petits pains, ajouter les galettes et garnir de rondelles de tomates. Recouvrir le tout avec la partie supérieure des petits pains et servir immédiatement, accompagné de frites.

TOFUBURGERS

PRÉPARATION : 15 minutes, plus macération

CUISSON : 6 minutes

CES INGRÉDIENTS VOUS PERMETTENT DE PRÉPARER 3 BURGERS, MAIS VOUS POUVEZ TRÈS BIEN DOUBLER LES QUANTITÉS.

POUR 3 BURGERS

- 225 g de tofu ferme
- 2 cuil. à soupe de sauce de soja
- ½ cuil. à café de sauce Worcestershire
- 1 gousse d'ail, hachée
- ¼ de cuil. à café de poivre rouge haché
- 8 petits brins de coriandre fraîche, grossièrement hachés
- 60 g de mayonnaise
- rondelles d'oignon rouge
- feuilles de laitue
- 3 petits pains, coupés en deux

1. Préchauffer le gril à température maximale et placer une grille à 6 cm de la source de chaleur. Couvrir la grille de papier d'aluminium.

2. Égoutter le tofu et le sécher, puis le couper en tranches de 1,5 cm d'épaisseur qui correspondent aux dimensions des petits pains. Égoutter les tranches sur du papier absorbant.

3. Mélanger la sauce de soja, la sauce Worcestershire, la moitié de l'ail et le poivron rouge dans un plat peu profond, assez grand pour contenir les tranches de tofu en une seule couche. Placer le tofu dans le plat et le retourner de façon à bien l'enrober de marinade. Placer au réfrigérateur et laisser mariner 15 minutes à 3 heures.

4. Placer la coriandre et l'ail restant dans un robot de cuisine et les réduire en purée. Ajouter la mayonnaise et mélanger de nouveau.

5. Passer le tofu au gril 3 minutes de chaque côté, jusqu'à ce qu'il soit bien doré.

6. Napper les moitiés de petits pains de mayonnaise à l'ail, puis déposer les tranches de tofu sur la partie inférieure des petits pains. Ajouter des rondelles d'oignons et de la laitue, et couvrir le tout avec la partie supérieure des petits pains. Servir immédiatement.

CHEESEBURGERS AU BACON

PRÉPARATION : 15 minutes   **CUISSON :** 20 minutes

Ces burgers copieux offrent une combinaison imbattable : bœuf, bacon et fromage.

POUR 4 BURGERS

- 6 tranches de bacon
- 450 g de viande de bœuf fraîchement hachée
- tranches de fromage pour burgers
- 4 petits pains, coupés en deux
- 2 cuil. à soupe de mayonnaise
- feuilles de laitue
- rondelles de tomates
- sel et poivre

1. Préchauffer le gril à température moyenne à maximale. Cuire le bacon 8 minutes à la poêle, jusqu'à ce qu'il soit croustillant. L'égoutter sur du papier absorbant, puis couper les tranches en deux.

2. Placer la viande dans un saladier. Saler, poivrer et bien mélanger. Façonner le mélange en 4 galettes de mêmes dimensions.

3. Passer les galettes 4 minutes au gril, puis les retourner, les couvrir de tranches de fromage et les cuire encore 4 minutes, ou selon son goût.

4. Napper les moitiés de petits pains de mayonnaise, puis déposer les galettes sur la partie inférieure des petits pains. Ajouter le lard, la laitue et les rondelles de tomates. Couvrir le tout avec la partie supérieure des petits pains et servir immédiatement.

BURGERS À LA DINDE

PRÉPARATION : 10 minutes   **CUISSON : 5 minutes**

PAUVRES EN GRAISSES MAIS RICHES EN SAVEURS, LES BURGERS À LA DINDE SONT UNE VARIANTE TRÈS APPRÉCIÉE DES BURGERS AU BŒUF.

POUR 4 BURGERS

- 350 g de viande de dinde hachée
- 25 g de chapelure fraîche
- 1 petit oignon, finement haché
- 1 pomme, pelée, évidée et finement hachée
- zeste râpé et jus d'un petit citron
- 2 cuil. à soupe de persil frais finement haché
- huile de tournesol, pour graisser
- sel et poivre
- 4 petits pains aux céréales ou 4 petites focaccia, coupés en deux

1. Placer la dinde, la chapelure, l'oignon, la pomme, le zeste et le jus de citron dans un grand saladier. Saler et poivrer, puis mélanger délicatement. Façonner le mélange en 4 galettes de mêmes dimensions.

2. Préchauffer un gril en fonte rainuré. Huiler les galettes et les mettre dans le gril, puis les faire griller 5 minutes en les retournant une fois, jusqu'à ce qu'elles soient cuites selon son goût. Pour tester la cuisson, planter la pointe d'un couteau dans une galette : le jus rendu doit être clair. Si ce n'est pas le cas, poursuivre la cuisson 1 à 2 minutes.

3. Disposer les galettes dans les petits pains ou les focaccia, et servir immédiatement.

BURGERS AU POULET

PRÉPARATION : 15-20 minutes, plus refroidissement **CUISSON :** 15-20 minutes

POUR 4 BURGERS

4 blancs de poulet, sans peau et désossés
1 très gros blanc d'œuf
1 cuil. à soupe de maïzena
1 cuil. à soupe de farine
1 œuf, battu
75 g de chapelure fraîche
2 cuil. à soupe d'huile de tournesol
rondelles de tomates cœur-de-bœuf
4 petits pains, coupés en deux
feuilles de laitue ciselées
mayonnaise
frites, en accompagnement (*voir* page 206)

1. Placer les blancs de poulet entre deux feuilles de papier sulfurisé et les aplatir légèrement à l'aide d'un maillet à viande ou d'un rouleau à pâtisserie. Battre le blanc d'œuf avec la maïzena, puis enduire le poulet avec le mélange obtenu. Couvrir le poulet et le laisser reposer 30 minutes au réfrigérateur, puis l'enrober de farine.

2. Placer l'œuf et la chapelure dans deux bols séparés. Passer ensuite le poulet dans l'œuf en laissant l'excédent retomber dans le bol, puis dans la chapelure.

3. Chauffer l'huile dans une poêle à fond épais, ajouter le poulet et le faire griller 6 à 8 minutes à feu moyen, jusqu'à ce qu'il soit bien cuit. Ajouter les rondelles de tomates 1 à 2 minutes avant la fin de la cuisson pour les réchauffer.

4. Disposer le poulet, les rondelles de tomates, la laitue ciselée et de la mayonnaise dans les petits pains et servir immédiatement, accompagné de frites.

Ces burgers au poulet auront toujours du succès, et plairont tout particulièrement à ceux qui surveillent leur alimentation.

BURGERS VÉGÉTARIENS

PRÉPARATION : 10 minutes, plus refroidissement

CUISSON : 35 minutes

POUR 4 À 6 BURGERS

115 g de riz brun
400 g de haricots blancs en boîte, égouttés et rincés
150 g de noix de cajou non salées
3 gousses d'ail
1 oignon rouge, coupé en quartiers
200 g de maïs
2 cuil. à soupe de concentré de tomates
1 cuil. à soupe d'origan frais haché
2 cuil. à soupe de farine complète
2 cuil. à soupe d'huile de tournesol
sel et poivre
feuilles de laitue ciselées
4 à 6 petits pains aux céréales, coupés en deux
rondelles de tomates
tranches de fromage

1. Cuire le riz 20 minutes à l'eau bouillante salée, ou suivre les instructions figurant sur l'emballage. L'égoutter et le mettre dans un robot de cuisine.

2. Ajouter les haricots blancs, les noix de cajou, l'ail, l'oignon, le maïs, le concentré de tomates, l'origan, du sel et du poivre dans le robot de cuisine. Bien mélanger le tout en mixant par intermittence. Façonner 4 à 6 galettes, puis les enrober de farine. Couvrir et mettre 1 heure au réfrigérateur.

3. Préparer le barbecue. Enduire les galettes d'huile et les faire griller sur des braises moyennement chaudes 5 à 6 minutes de chaque côté, jusqu'à ce qu'elles soient bien cuites.

4. Disposer la laitue ciselée sur la partie inférieure des petits pains, puis ajouter les galettes. Garnir de rondelles de tomates et de tranches de fromage. Passer le tout 2 minutes au gril préchauffé ou le remettre sur le barbecue, jusqu'à ce que le fromage commence à fondre. Couvrir avec la partie supérieure des petits pains et servir immédiatement.

CHEESEBURGERS MÉLI-MÉLO

PRÉPARATION : 15 minutes   **CUISSON :** 10 minutes

Ces cheeseburgers contiennent des piments jalapeño et du coleslaw, ainsi que d'autres condiments propres aux burgers.

POUR 4 BURGERS

450 g de viande de bœuf fraîchement hachée
1 cuil. à café de sel
½ cuil. à café de poivre
huile végétale, pour la cuisson
tranches de fromage
4 petits pains, coupés en deux
moutarde, pour napper
piments jalapeño au vinaigre (*voir* page 198)
coleslaw (*voir* page 176)
rondelles de tomates

1. Placer la viande dans un saladier avec le sel et le poivre, mélanger délicatement et façonner 4 galettes avec le mélange obtenu.

2. Couvrir le fond d'une poêle ou d'un gril en fonte rainuré avec l'huile végétale et chauffer à feu moyen à vif. Ajouter les galettes et les faire griller 4 minutes sans les déplacer dans la poêle en couvrant partiellement, jusqu'à ce qu'elles soient dorées et se détachent du fond de la poêle. Les retourner, les garnir d'une tranche de fromage et les cuire encore 3 minutes en couvrant partiellement.

3. Napper les moitiés de petits pains de moutarde, puis déposer des piments sur les parties inférieures. Ajouter les galettes, puis du coleslaw et des rondelles de tomates. Couvrir avec les parties supérieures et servir immédiatement.

Augmentez ou diminuez les quantités à votre goût. Pour encore plus d'originalité, essayez d'ajouter de la moutarde au piment chipotle (voir page 180).

DOUBLES BURGERS

PRÉPARATION : 20 minutes   **CUISSON :** 10 minutes

Aussi appelés « double-deckers » aux États-Unis, ces burgers garnis de deux steaks hachés sont à tomber à la renverse.

POUR 4 BURGERS

- 900 g de viande de bœuf fraîchement hachée
- 2 cuil. à café de sel
- ½ cuil. à café de poivre
- huile végétale, pour la cuisson
- tranches de fromage
- 4 petits pains, coupés en deux
- feuilles de laitue
- rondelles de tomates
- rondelles d'oignons rouges
- cornichons, coupés en deux dans la longueur

1. Placer le bœuf dans un grand saladier, ajouter le sel et le poivre, et mélanger délicatement. Façonner 8 galettes avec le mélange en veillant à ce qu'elles n'aient pas plus de 1,5 cm d'épaisseur – le plus fin sera le mieux dans cette recette de burger.

2. Chauffer une poêle ou un gril en fonte rainuré à feu moyen à vif. Couvrir le fond de la poêle d'huile, ajouter les galettes et les cuire 4 minutes sans les déplacer, jusqu'à ce qu'elles soient dorées et se détachent de la poêle. Retourner les galettes et les cuire encore 2 minutes, puis les garnir de tranches de fromage. Cuire éventuellement 2 minutes supplémentaires, selon son goût.

3. Disposer 2 galettes sur la partie inférieure de chaque petit pain, puis ajouter la laitue, les rondelles de tomates, les rondelles d'oignons et les cornichons, et servir immédiatement.

BURGERS AU BLEU

PRÉPARATION : 15 minutes   CUISSON : 10 minutes

Du fromage bleu et des anneaux d'oignons rouges font de ces burgers un *must* pour les amateurs de fromage.

POUR 4 BURGERS

450 g de viande de bœuf fraîchement hachée
1 cuil. à café de sel
½ cuil. à café de poivre
huile végétale, pour graisser
4 petits pains, coupés en deux
100 g de bleu, émietté
feuilles de laitue
rondelles d'oignons rouges

1. Préchauffer le gril à température maximale et placer la grille à 5 à 8 cm de la source de chaleur.

2. Placer la viande dans un saladier avec le sel et le poivre, puis mélanger délicatement. Façonner 4 galettes de mêmes dimensions avec le mélange obtenu.

3. Huiler les galettes, les mettre sur la grille et les faire griller 4 minutes de chaque côté, jusqu'à ce qu'elles soient cuites à son goût.

4. Disposer les galettes sur la partie inférieure des petits pains, ajouter le fromage, la laitue et les oignons, et couvrir avec la partie supérieure des petits pains. Servir immédiatement.

ÉTAPE 2

ÉTAPE 3

ÉTAPE 4

Choisissez un bleu dont la force et la texture correspondent à vos goûts.

BURGERS AUX CHAMPIGNONS

PRÉPARATION : 30 minutes   **CUISSON :** 15 minutes

La combinaison des champignons grillés et du fromage fondu est une garniture de burger absolument délicieuse !

POUR 4 BURGERS

2 cuil. à café d'huile végétale, un peu plus pour graisser
½ oignon jaune, finement émincé
125 g de champignons de Paris, émincés
450 g de viande de bœuf fraîchement hachée
1 cuil. à café de sel
½ cuil. à café de poivre
tranches de fromage
4 petits pains aux graines de pavot, coupés en deux
feuilles de laitue
rondelles de tomates
sel et poivre

1. Chauffer l'huile dans une poêle à feu moyen à vif, ajouter l'oignon et le cuire 3 minutes sans cesser de remuer, jusqu'à ce qu'il soit tendre. Ajouter les champignons, puis saler et poivrer. Cuire 1 à 2 minutes, puis remuer. Poursuivre la cuisson jusqu'à ce que les champignons soient grillés selon son goût.

2. Placer le bœuf dans un saladier, ajouter 1 cuillerée à café de sel et ½ cuillerée à café de poivre, et mélanger délicatement. Façonner 4 galettes de mêmes dimensions avec le mélange obtenu.

3. Chauffer un gril en fonte rainuré ou une poêle à feu moyen à vif, puis en badigeonner le fond d'huile. Ajouter les galettes et couvrir le gril. Cuire 4 minutes, jusqu'à ce que les galettes soient cuites, puis retourner et cuire encore 2 minutes. Disposer les tranches de fromage sur les galettes et cuire 2 minutes, jusqu'à ce que la viande soit grillée selon son goût.

4. Disposer la laitue et les rondelles de tomates sur la partie inférieure de chaque petit pain. Ajouter les galettes, puis les champignons, et recouvrir le tout avec la partie supérieure des petits pains. Servir immédiatement.

BURGERS AU CHILI

PRÉPARATION : 15 minutes   CUISSON : 10 minutes

CES BURGERS EXTRAVAGANTS, GARNIS DE CHILI DE BŒUF, SONT ORIGINAIRES DE LOS ANGELES.

POUR 4 BURGERS

- 450 g de viande de bœuf fraîchement hachée
- 1 cuil. à café de sel
- ½ cuil. à café de poivre
- 1 cuil. à soupe de beurre
- 4 petits pains, coupés en deux
- ½ portion de chili de bœuf (*voir* page 194), réchauffée
- rondelles d'oignons rouges
- 25 à 50 g de fromage râpé

1. Placer la viande dans un saladier, saler et poivrer. Mélanger délicatement, puis façonner 4 galettes de mêmes dimensions avec le mélange obtenu.

2. Chauffer une grande poêle à feu moyen à vif, ajouter le beurre et chauffer jusqu'à ce qu'il ait fondu et qu'il cesse de mousser. Ajouter les galettes et les cuire environ 4 minutes sans les déplacer dans la poêle, jusqu'à ce qu'elles soient dorées et se détachent du fond de la poêle. Retourner les galettes et les faire griller encore 4 minutes, jusqu'à ce qu'elles soient cuites selon son goût.

3. Poser les petits pains ouverts sur les assiettes. Placer les galettes sur la partie inférieure de chaque petit pain, puis les napper de chili de bœuf. Garnir d'oignons et de fromage, et servir immédiatement.

Vous aurez peut-être besoin d'une fourchette...

BURGERS AUX OIGNONS CARAMÉLISÉS

PRÉPARATION : 15 minutes   **CUISSON : 15 minutes**

Ces burgers parfumés au romarin sont agrémentés d'oignons caramélisés et de manchego, un fromage espagnol au goût prononcé.

POUR 4 BURGERS

450 g de viande de bœuf fraîchement hachée

1 cuil. à café de sel

½ cuil. à café de poivre

½ cuil. à café de romarin frais finement haché

huile végétale, pour la cuisson

50 à 75 g de manchego, râpé ou coupé en tranches épaisses

125 g de mayonnaise

4 morceaux de focaccia de 15 x 15 cm, coupés en deux dans l'épaisseur

oignons caramélisés (*voir* page 202)

feuilles de romaine

rondelles de tomates

1. Placer la viande dans un saladier, ajouter le sel, le poivre et le romarin, et bien mélanger le tout. Façonner 4 galettes avec le mélange obtenu.

2. Chauffer une grande poêle ou un gril en fonte rainuré à feu moyen à vif, puis en badigeonner le fond d'huile. Ajouter les galettes et les cuire 4 minutes sans les déplacer, jusqu'à ce qu'elles soient dorées et se détachent du fond de la poêle. Les retourner et les faire griller encore 2 minutes, jusqu'à ce qu'elles soient cuites selon son goût.

3. Étaler la mayonnaise sur la focaccia, déposer les galettes sur les parties inférieures et ajouter les oignons caramélisés, les feuilles de laitue et les rondelles de tomates. Couvrir le tout avec la partie supérieure des focaccia et servir immédiatement.

ÉTAPE 2

ÉTAPE 2

ÉTAPE 3

La focaccia – un pain plat italien – est une délicieuse variante du pain pour burger traditionnel.

39

BURGERS SLOPPY JOES

PRÉPARATION : 10 minutes   CUISSON : 1 heure

LE SECRET POUR PRÉPARER DE BONS SLOPPY JOES EST DE FAIRE REVENIR LE BŒUF À FEU DOUX JUSQU'À CE QU'IL SOIT FONDANT. DÉGUSTEZ CES BURGERS À LA FOURCHETTE !

POUR 4 BURGERS

- 650 g de viande de bœuf fraîchement hachée
- ½ oignon, coupé en dés
- 2 gousses d'ail, hachées
- 1 poivron vert, épépiné et coupé en dés
- 480 ml d'eau
- 180 ml de ketchup
- 1½ cuil. à soupe de sucre roux
- 1 cuil. à café de moutarde de Dijon
- 1 trait de sauce Worcestershire
- 1½ cuil. à café de sel
- ½ cuil. à café de poivre noir
- piment de Cayenne, à volonté
- 4 à 6 petits pains, coupés en deux
- chips, en garniture (facultatif)

1. Placer la viande et l'oignon dans une grande poêle non préchauffée et chauffer à feu moyen. Cuire sans cesser de remuer pour briser les morceaux à l'aide d'une cuillère en bois jusqu'à ce que le mélange commence à brunir.

2. Ajouter l'ail et le poivron vert, et cuire 2 minutes sans cesser de remuer. Verser la moitié de l'eau et porter à frémissement en raclant les sucs attachés au fond de la poêle.

3. Incorporer le ketchup, le sucre, la moutarde, la sauce Worcestershire, le sel et le poivre, puis verser l'eau restante. Porter à frémissement, puis réduire le feu au minimum et laisser mijoter 30 à 45 minutes, jusqu'à ce que le liquide se soit presque totalement évaporé et que la préparation soit épaisse, riche et tendre. Garnir la partie inférieure des petits pains avec la préparation obtenue, couvrir avec la partie supérieure et servir éventuellement accompagné de chips.

Ces burgers sont toujours servis chauds, mais la garniture peut être préparée à l'avance et réchauffée au dernier moment. Préparez le double de quantité et congelez le tout.

BURGERS AUX HARICOTS RECUITS

PRÉPARATION : 15 minutes   **CUISSON :** 10-12 minutes

POUR 4 BURGERS

400 g de haricots rouges en boîte, égouttés et rincés

400 g de pois chiches en boîte, égouttés et rincés

1 jaune d'œuf

¼ de cuil. à café de paprika fumé

50 g de chapelure fraîche

3 oignons verts, finement hachés

huile, pour graisser

sel et poivre

4 petits pains croustillants, coupés en deux

feuilles de laitue

rondelles de tomates

4 cuil. à soupe de crème aigre

1. Préchauffer le gril à température maximale.

2. Placer les haricots, les pois chiches, le jaune d'œuf, le paprika, la chapelure et les oignons verts dans un grand saladier et bien mélanger le tout. Saler et poivrer, puis façonner 4 galettes de mêmes dimensions avec le mélange obtenu. Saler, poivrer et huiler l'extérieur des galettes.

3. Disposer les galettes sur une grille huilée, puis les passer au gril 5 minutes de chaque côté, jusqu'à ce qu'elles soient cuites. Huiler l'intérieur des petits pains et les passer 1 à 2 minutes au gril. Disposer la laitue et les tomates sur la partie inférieure de chaque petit pain, ajouter les galettes et napper de crème aigre. Couvrir le tout avec la partie supérieure des petits pains et servir immédiatement.

Si la préparation ne garde pas sa forme lorsque vous la façonnez en galettes, ajoutez de l'huile pour amalgamer davantage le tout.

BURGERS SAUCE BARBECUE

PRÉPARATION : 15 minutes   CUISSON : 10 minutes

Ces burgers très simples contiennent de la sauce barbecue. Pour obtenir une saveur encore plus authentique, essayez de fumer ces burgers (voir page 94).

POUR 4 BURGERS

450 g de viande de bœuf fraîchement hachée

1 cuil. à café de sel

½ cuil. à café de poivre

40 g d'oignons finement hachés

1 gousse d'ail, émincée

180 ml de sauce barbecue (*voir* page 172)

4 petits pains, coupés en deux

feuilles de laitue

rondelles de tomates

1. Préchauffer le gril à température moyenne à maximale. Placer le bœuf dans un saladier, puis ajouter le sel, le poivre, l'oignon et l'ail, et bien mélanger le tout. Façonner 4 galettes avec le mélange obtenu.

2. Placer 120 ml de la sauce barbecue dans un bol.

3. Passer les galettes au gril 4 minutes, jusqu'à ce qu'elles soient dorées sur une face. Les retourner, les napper de sauce barbecue et les faire griller encore 4 minutes, jusqu'à ce qu'elles soient cuites à son goût.

4. Étaler la sauce barbecue restante sur les petits pains. Disposer les galettes sur la partie inférieure, ajouter des feuilles de laitue et des rondelles de tomates, et couvrir le tout avec la partie supérieure des petits pains. Servir immédiatement.

ÉTAPE 1

ÉTAPE 3

ÉTAPE 3

> Si vous n'avez pas le temps de préparer votre propre sauce barbecue, choisissez une version prête à l'emploi de bonne qualité.

45

BURGERS FAÇON CLUB SANDWICHES

PRÉPARATION : 20 minutes   CUISSON : 20 minutes

Inspirés du club sandwich – de la dinde, du bacon, de la laitue et des tomates entre deux tranches de pain grillé –, ces burgers sont très savoureux.

POUR 4 BURGERS

450 g de blancs de dinde fraîchement hachés

1 gousse d'ail, hachée

1½ cuil. à café de romarin frais finement haché

1 cuil. à café de sel

½ cuil. à café de poivre

6 tranches de bacon

8 tranches de pain au levain, de seigle ou blanc, grillées

2 à 3 cuil. à soupe de sauce ranch

feuilles de laitue

rondelles de tomates

1. Préchauffer le gril à température moyenne à maximale. Mélanger la dinde, l'ail, le romarin, le sel et le poivre dans un saladier, puis façonner 4 galettes épaisses de mêmes dimensions avec le mélange obtenu.

2. Faire griller le bacon 8 minutes dans une poêle à feu moyen, jusqu'à ce qu'il soit croustillant. L'égoutter sur du papier absorbant et couper chaque tranche en deux.

3. Napper les tranches de pain avec ½ cuillerée à café de sauce ranch.

4. Passer les galettes au gril 4 à 5 minutes de chaque côté, jusqu'à ce qu'elles soient cuites à son goût.

5. Disposer chaque galette sur une tranche de pain, ajouter le lard, la laitue et les tomates, puis arroser de sauce ranch et garnir le tout avec les tranches de pain restantes. Servir immédiatement.

ÉTAPE 3

ÉTAPE 1

La sauce ranch est un parfait accompagnement pour ces burgers. Vous pouvez aussi l'utiliser comme dip, surtout avec des frites!

47

BURGERS AU BEURRE PERSILLÉ

PRÉPARATION : 30 minutes, plus refroidissement **CUISSON :** 10 minutes

CES BURGERS PEUVENT ÊTRE PRÉPARÉS AVEC DU BEURRE NATURE, MAIS SERONT ENCORE PLUS DÉLICIEUX AVEC DU BEURRE À L'AIL OU AUX FINES HERBES.

POUR 4 BURGERS

- 5 cuil. à soupe de beurre
- ½ cuil. à café d'ail haché
- 1 cuil. à soupe de persil frais finement haché
- 1 cuil. à café de thym, de romarin et/ou de sauge fraîchement hachés
- 1½ cuil. à café de sel
- 450 g de viande de bœuf fraîchement hachée
- 4 petits pains, coupés en deux

1. Placer 4 cuillerées à soupe de beurre dans un petit bol, ajouter l'ail, les herbes et ½ cuillerée à café de sel, et bien mélanger le tout. Disposer le mélange sur un morceau de film alimentaire et rouler le film de façon à obtenir un boudin de 2,5 cm d'épaisseur. Placer au réfrigérateur 1 heure à 2 jours.

2. Au moment de préparer les burgers, sortir le beurre du réfrigérateur et le couper en 4 portions, puis le laisser revenir à température ambiante.

3. Mélanger la viande et le sel restant dans un grand saladier, puis façonner le mélange en 4 galettes de mêmes dimensions.

4. Chauffer une grande poêle à feu moyen à vif et ajouter le beurre restant. Dès que le beurre a cessé de mousser, ajouter les galettes et les cuire 4 minutes sans les déplacer, jusqu'à ce qu'elles soient dorées et se détachent facilement du fond de la poêle. Retourner les galettes et les faire griller 4 minutes, jusqu'à ce qu'elles soient cuites à son goût.

5. Disposer les galettes sur les parties inférieures des petits pains, garnir de beurre aux herbes et couvrir avec les parties supérieures. Servir immédiatement.

Variez les herbes qui agrémentent le beurre – persil, origan, ciboulette, basilic et estragon, etc. Pour donner un petit coup de fouet, ajoutez du piment.

49

BURGERS À L'AGNEAU

PRÉPARATION : 10 minutes, plus refroidissement
CUISSON : 20-25 minutes

POUR 4 À 6 BURGERS

2 cuil. à soupe d'huile d'olive

1 poivron rouge, épépiné et coupé en quartiers

1 poivron jaune, épépiné et coupé en quartiers

1 oignon rouge, coupé en quartiers

1 petite aubergine, coupée en quartiers

450 g de viande d'agneau fraîchement hachée

2 cuil. à soupe de parmesan fraîche râpé

1 cuil. à soupe de menthe fraîche hachée

sel et poivre

4 à 6 petits pains, coupés en deux

feuilles de laitue ciselées

légumes grillés, poivrons et tomates cerises, par exemple, en garniture

MAYONNAISE À LA MENTHE

65 g de mayonnaise

1 cuil. à café de moutarde de Dijon

1 cuil. à soupe de menthe fraîche hachée

---

1. Préparer le barbecue et huiler la grille.

2. Placer les poivrons, l'oignon et l'aubergine sur la grille et les cuire 10 à 12 minutes au-dessus de braises bien chaudes, jusqu'à ce qu'ils soient grillés. Les laisser refroidir, puis peler les poivrons.

3. Placer tous les légumes dans un robot de cuisine et les hacher en les mixant par intermittence. Ajouter l'agneau haché, le parmesan et la menthe, saler et poivrer. Mixer le tout, puis façonner la préparation obtenue en galettes de 2,5 cm d'épaisseur. Saler, poivrer et huiler l'extérieur des galettes.

4. Préparer ensuite la mayonnaise à la menthe. Battre la mayonnaise avec la moutarde et la menthe hachée, couvrir et réserver au réfrigérateur.

5. Faire griller les galettes 5 minutes de chaque côté au-dessus de braises chaudes, jusqu'à ce qu'elles soient bien cuites. Huiler l'intérieur des moitiés de petits pains et les faire griller 1 à 2 minutes au barbecue. Disposer de la laitue sur la partie inférieure des petits pains, ajouter les galettes et garnir de mayonnaise à la menthe. Couvrir avec la partie supérieure des petits pains et servir immédiatement, accompagné de légumes grillés.

L'AGNEAU ET LA MENTHE FRAÎCHE S'ASSOCIENT À LA PERFECTION ET SONT ICI AGRÉMENTÉS DE POIVRON ET D'AUBERGINE, AINSI QUE D'UN PEU DE PARMESAN.

BURGERS AU POULET ET AU BACON

PRÉPARATION : 10 minutes, plus refroidissement

CUISSON : 10-15 minutes

POUR 4 BURGERS

450 g de blancs de poulet hachés
1 oignon, râpé
2 gousses d'ail, hachées
45 g de pignons, hachés
50 g de fromage râpé
2 cuil. à soupe de ciboulette fraîche hachée
2 cuil. à soupe de farine complète
8 tranches de bacon
1 à 2 cuil. à soupe d'huile de tournesol
sel et poivre
4 petits pains croustillants, coupés en deux
rondelles d'oignons rouges
feuilles de laitue
mayonnaise
oignons verts, hachés

1. Placer le poulet, l'oignon, l'ail, les pignons, le fromage, la ciboulette, du sel et du poivre dans un robot de cuisine. Mixer le tout par intermittence. Transférer la préparation obtenue sur un plan de travail et la façonner en 4 galettes de mêmes dimensions. Enrober les galettes de farine, puis les couvrir et les laisser reposer 1 heure au réfrigérateur.

2. Envelopper chaque galette de 2 tranches de lard et les fixer à l'aide de piques à cocktail.

3. Chauffer l'huile dans une poêle à fond épais, ajouter les galettes et les faire griller 5 à 6 minutes de chaque côté à feu moyen, jusqu'à ce qu'elles soient bien grillées.

4. Servir immédiatement les galettes dans les petits pains croustillants avec de l'oignon rouge, de la laitue, de la mayonnaise et des oignons verts.

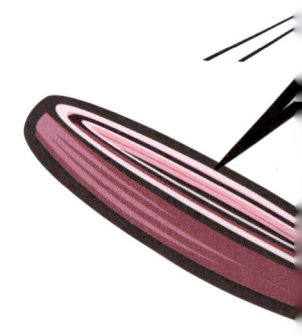

Vous pouvez varier les saveurs de ces burgers gourmands en remplaçant les pignons par des amandes effilées ou des noix de cajou non salées, que vous hacherez et ferez légèrement griller.

BURGERS MEXICAINS

PRÉPARATION : 20 minutes, plus refroidissement   **CUISSON :** 45 minutes

Les piments poblano vert foncé sont très répandus au Colorado. Plus le piment aura noirci à la cuisson, plus sa saveur sera riche.

POUR 4 BURGERS

8 piments poblano
2 oignons
3 gousses d'ail
1 cuil. à soupe d'huile végétale
1½ cuil. à café de sel
900 g de viande de bœuf fraîchement hachée
tranches de fromage
4 petits pains, coupés en deux

1. Faire griller les piments dans un gril en fonte rainuré environ 15 minutes en les retournant de temps en temps, jusqu'à ce que la peau ait noirci. Laisser reposer 15 minutes.

2. Pendant ce temps, hacher finement les oignons et l'ail. Peler et hacher les piments.

3. Placer l'huile, les trois quarts des oignons hachés et ½ cuillerée à café de sel dans une casserole et cuire le tout 3 minutes à feu vif en remuant souvent, jusqu'à ce que les oignons soient tendres. Ajouter l'ail et les piments, couvrir et cuire 30 minutes à feu doux, jusqu'à ce que tous les légumes soient tendres et que les saveurs se soient développées. Réserver.

4. Placer la viande et le sel restant dans un saladier et mélanger. Façonner 4 galettes avec le mélange obtenu. Couvrir et réserver au réfrigérateur.

5. Faire griller les petits pains 1 à 2 minutes dans le gril en fonte, côté coupé vers le bas, puis les transférer sur les assiettes.

6. Faire griller les galettes 4 minutes dans le gril en fonte, jusqu'à ce qu'elles soient dorées. Poursuivre la cuisson 2 minutes, déposer les tranches de fromage sur les galettes et cuire encore 3 minutes, jusqu'à ce que les galettes soient cuites à son goût et que le fromage ait fondu.

7. Disposer les galettes sur la partie inférieure des petits pains, ajouter la sauce et l'oignon haché restant, et couvrir avec la partie supérieure. Servir immédiatement.

ÉTAPE 6

ÉTAPE 1

Vous trouverez les piments poblano dans les boutiques mexicaines ou au supermarché. À défaut, utilisez les piments de votre choix – rappelez-vous tout de même que les piments peuvent varier en taille et en force.

PATY MELTS

PRÉPARATION : 20 minutes   CUISSON : 12 minutes

Les paty melts sont composés d'une garniture classique – viande hachée et fromage fondu – et de pain de seigle grillé.

POUR 4 PATY MELTS

- 2 cuil. à soupe de beurre ramolli, un peu plus pour graisser
- 8 tranches de pain de seigle
- tranches de fromage
- 560 g de viande de bœuf fraîchement hachée
- 1 cuil. à café de sel
- ½ cuil. à café de poivre
- 1 portion d'oignons caramélisés (*voir* page 202)

1. Tartiner les tranches de pain de beurre. Disposer 4 tranches, côté beurré vers le bas, sur un plan de travail bien propre et les couvrir de tranches de fromage.

2. Placer la viande dans un saladier, saler et poivrer. Mélanger le tout et façonner des galettes carrées avec le mélange obtenu.

3. Beurrer une poêle ou un gril en fonte rainuré, et chauffer à feu moyen. Ajouter les galettes et les faire griller 4 minutes de chaque côté, jusqu'à ce qu'elles soient cuites à son goût. Essuyer la poêle.

4. Disposer les galettes sur les tranches de fromage, couvrir d'oignons caramélisés et ajouter d'autres tranches de fromage. Placer les tranches de pain restantes sur le tout, côté beurré vers le haut.

5. Placer les burgers dans la poêle et les faire griller 2 minutes de chaque côté à feu moyen, jusqu'à ce qu'ils soient dorés. Servir immédiatement.

> Le fromage et les oignons constituent une combinaison très appréciée. N'hésitez pas à varier les fromages selon vos goûts et vos envies.

BURGERS AU POISSON

PRÉPARATION : 10 minutes   **CUISSON : 10 minutes**

Ces burgers sont un grand classique à Hawaï, où ils sont souvent préparés avec du mahi-mahi (dorade coryphène).

POUR 4 BURGERS

4 filets de mahi-mahi ou autre poisson à chair blanche, 120 à 170 g chacun
2 cuil. à café d'huile végétale
½ cuil. à café de gros sel
¼ de cuil. à café de poivre
4 petits pains, coupés en deux
60 g de sauce tartare (*voir* page 182)
rondelles d'oignons
rondelles de tomates
feuilles de laitue

1. Rincer et sécher le poisson, puis le huiler et le saupoudrer de sel et de poivre. Le mettre ensuite sur une grande plaque de four.

2. Préchauffer le gril à température maximale et placer la grille à 8 cm de la source de chaleur.

3. Placer la plaque sur la grille. Cuire le poisson 4 minutes, puis le retourner et le cuire encore 3 minutes, jusqu'à ce que les bords des filets commencent à noircir et que la chair soit bien cuite (le centre des filets doit s'émietter facilement sous la pression d'une fourchette).

4. Napper la partie inférieure des petits pains de sauce tartare, ajouter le poisson et garnir d'oignons, de rondelles de tomates et de feuilles de laitue. Couvrir avec la partie supérieure des petits pains et servir immédiatement.

ÉTAPE 4

ÉTAPE 4

Pour ajouter une note hawaiienne à ces burgers, garnissez-les de rondelles d'ananas.

59

BURGERS JUICY LUCY

PRÉPARATION : 20 minutes **CUISSON : 15-25 minutes**

CES BURGERS TOUT DROIT VENUS DU MINNESOTA SONT ASSEZ COPIEUX POUR SATISFAIRE LES APPÉTITS LES PLUS FÉROCES.

POUR 2 BURGERS

340 g de viande de bœuf fraîchement hachée
1 cuil. à café de sel
½ cuil. à café de poivre
2 tranches de fromage, coupées en quatre
huile végétale, pour la cuisson
½ oignon rouge, émincé
2 petits pains, coupés en deux
feuilles de laitue
rondelles de tomates

1. Préchauffer le gril à température moyenne à maximale. Placer la viande dans un saladier avec le sel et le poivre. Mélanger, puis diviser en 4 portions. Poser les portions sur un plan de travail et les façonner en boules, puis les aplatir légèrement de façon à obtenir des galettes d'environ 1,5 cm et légèrement plus larges que les petits pains. Répartir le fromage sur 2 galettes en laissant 1,5 cm de marge, puis couvrir le tout avec les galettes restantes. Presser fermement les bords pour sceller (de sorte que le fromage ne coule pas hors de la viande lors de la cuisson).

2. Chauffer l'huile dans une poêle à feu moyen, ajouter les oignons et les faire revenir 8 minutes en remuant souvent, jusqu'à ce qu'ils soient tendres et dorés. Il est également possible de cuire les rondelles d'oignons au gril 2 minutes de chaque côté au moment de cuire la viande.

3. Passer les galettes 8 minutes au gril, côté bombé vers le haut, puis les retourner et poursuivre la cuisson 5 à 7 minutes.

4. Disposer les galettes sur la partie inférieure des petits pains, ajouter les oignons, la laitue et les tomates, et couvrir avec la partie supérieure des petits pains. Servir immédiatement.

ÉTAPE 1

ÉTAPE 2

Vous pouvez utiliser tout type de fromage dans cette recette. Pour la rendre plus gourmande encore, ajoutez des morceaux de bacon grillé au centre.

BURGERS SANS PAIN

PRÉPARATION : 15 minutes   **CUISSON :** 10 minutes

Ces burgers très rafraîchissants ne contiennent ni pain ni fromage. La laitue croquante se contente de mettre en valeur la viande tout droit sortie du gril.

POUR 4 BURGERS

450 g de viande de bœuf fraîchement hachée

¼ de cuil. à café de thym séché ou ½ cuil. à café de thym frais haché

rondelles de courgette

huile végétale, pour graisser

feuilles de laitue

rondelles de tomates

rondelles d'oignons

sel et poivre

1. Préchauffer le gril à température moyenne à maximale. Placer la viande dans un saladier et ajouter ½ cuillerée à café de sel, ¼ de cuillerée à café de poivre et le thym. Mélanger délicatement et façonner 4 galettes avec le mélange obtenu.

2. Huiler les rondelles de courgette, puis les saler et les poivrer.

3. Passer les galettes de viande et les courgettes au gril. Cuire les courgettes 3 minutes de chaque côté, jusqu'à ce qu'elles soient tendres et grillées. Cuire les galettes de viande 4 minutes de chaque côté, jusqu'à ce qu'elles soient cuites à son goût.

4. Disposer les galettes sur quelques feuilles de laitue, ajouter les courgettes, les rondelles de tomates et les rondelles d'oignons, puis enrouler le tout dans la laitue. Servir immédiatement.

Ces burgers sont tout indiqués si vous faites attention à votre régime alimentaire, car ils ne contiennent pas de sucres lents.

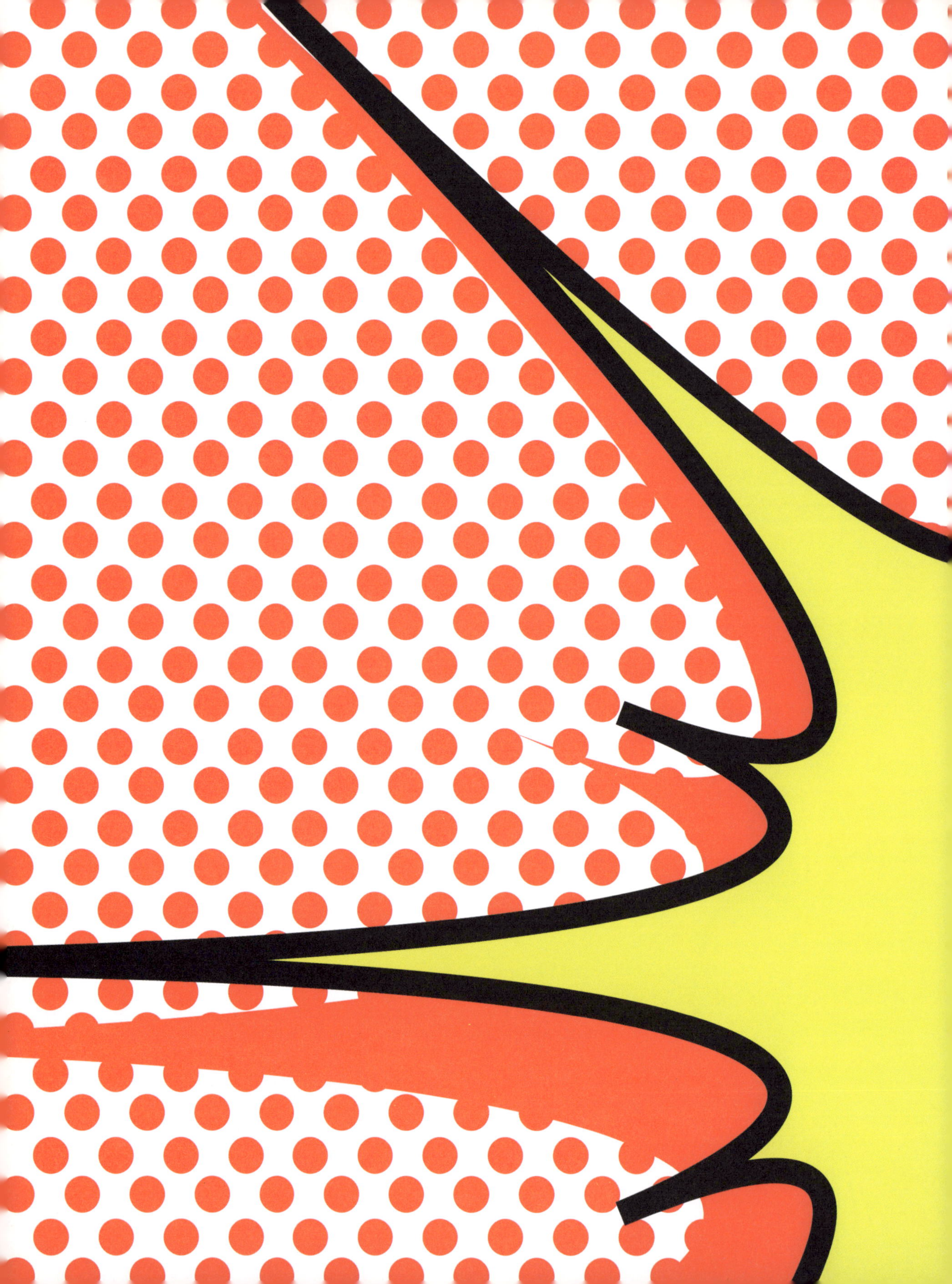

CHAPITRE 2
BURGERS TRÈS GOURMETS

EFFILOCHÉE DE PORC

PRÉPARATION : 20 minutes, plus repos   **CUISSON :** 6 heures

DE L'ÉCHINE DE PORC CUITE À L'ÉTOUFFÉE, PUIS « EFFILOCHÉE » ET NAPPÉE DE SAUCE BARBECUE : VOILÀ UNE RECETTE DE BURGER IRRÉSISTIBLE !

POUR 12 PERSONNES

1 échine de porc, environ 2,2 kg
65 g de paprika
50 g de sucre roux non raffiné
2 cuil. à soupe de sel
2 cuil. à soupe de poivre
2 cuil. à soupe de cumin en poudre
2 cuil. à soupe de moutarde déshydratée
1 cuil. à soupe de piment de Cayenne
12 petits pains, coupés en deux
légumes au vinaigre (*voir* page 178)
sauce barbecue (*voir* page 172)

1. Préparer un barbecue de sorte que les braises soient moyennement chaudes. Répartir les braises sur un côté du barbecue (avec un barbecue électrique, n'allumer qu'une partie des résistances). Placer ensuite une casserole à demi remplie d'eau sur l'autre côté du barbecue et poser une grille sur la casserole.

2. Rincer le porc et le sécher. Dans un bol, mélanger le paprika, le sucre, le sel, le poivre, le cumin, la moutarde et le piment de Cayenne. Enrober le porc de ce mélange de façon à former une croûte autour de l'échine.

3. Déposer l'échine de porc sur la grille disposée sur la casserole, couvrir le barbecue et laisser cuire 6 heures, jusqu'à ce que la viande soit très tendre. Vérifier toutes les 30 minutes que le feu est toujours allumé et le raviver si nécessaire.

4. Retirer le porc du barbecue et la laisser reposer 10 à 20 minutes. Utiliser des fourchettes ou des pinces pour ciseler la viande.

5. Servir la viande avec des petits pains, des légumes au vinaigre et de la sauce barbecue. Laisser les convives composer eux-mêmes leur burger.

ÉTAPE 3

ÉTAPE 2

De nombreux pays préparent l'effilochée de porc, mais cette recette reste malgré tout une spécialité américaine.

67

BURGERS NOIR ET BLEU

PRÉPARATION : 30 minutes   **CUISSON :** 10 minutes

Ces burgers tiennent leur nom du poivre noir dont est agrémentée la viande et de la sauce au bleu qui l'accompagne.

POUR 4 BURGERS

- 115 g de fromage bleu
- 65 g de mayonnaise
- 65 g de crème aigre
- 1 échalote, finement hachée
- 1 cuil. à café de poivre
- 1 cuil. à café de paprika
- 1 cuil. à café de thym séché
- 1 cuil. à café de sel
- ½ cuil. à café de piment de Cayenne
- 450 g de viande de bœuf fraîchement hachée
- 4 petits pains aux graines de sésame, coupés en deux
- feuilles de laitue
- rondelles de tomates

1. Placer le fromage, la mayonnaise et la crème aigre dans un saladier et écraser le tout ensemble jusqu'à obtention d'une consistance lisse. Incorporer l'échalote et réserver.

2. Mélanger le poivre, le paprika, le thym, le sel et le piment de Cayenne dans un bol.

3. Façonner 4 galettes avec la viande hachée, puis enrober uniformément les galettes avec le mélange d'épices précédent.

4. Chauffer une grande poêle antiadhésive à feu vif. Ajouter les galettes et les faire griller 4 minutes, jusqu'à ce que le mélange d'épices forme une légère croûte et que les bords soient dorés. Retourner les galettes et faire griller l'autre face, jusqu'à ce qu'elles soient cuites à son goût.

5. Disposer les galettes dans les petits pains, ajouter la sauce au bleu, les feuilles de laitue et les rondelles de tomates, et servir immédiatement.

ÉTAPE 1

ÉTAPE 2

ÉTAPE 4

Vous pouvez ici utiliser le mélange d'épices de votre choix. Ajouter de la poudre d'ail, d'oignon ou même de piment donne une autre dimension à cette recette.

BURGERS À LA BETTERAVE

PRÉPARATION : 30 minutes, plus repos et refroidissement

CUISSON : 35-40 minutes

Ces délicieuses petites galettes à base de betterave et de millet viennent tout droit d'Australie. La sauce au yaourt qui les accompagne fait des merveilles.

POUR 4 BURGERS

- 100 g de millet
- 180 ml d'eau légèrement salée
- 150 g de betterave crue râpée (1 ou 2 betteraves)
- 40 g de carottes râpées
- 60 g de courgettes râpées
- 65 g de noix hachées
- 2 cuil. à soupe de vinaigre de cidre
- 2 cuil. à soupe d'huile d'olive vierge extra, un peu plus pour la cuisson
- 1 œuf
- 2 cuil. à soupe de maïzena
- 250 g de yaourt nature
- 2 cuil. à café d'ail haché
- 4 petits pains aux céréales, coupés en deux
- feuilles de laitue
- sel et poivre

1. Rincer et égoutter le millet, puis le mettre dans une petite casserole avec l'eau salée. Porter à frémissement à feu moyen, couvrir et cuire 20 à 25 minutes à feu doux, jusqu'à ce que le millet soit bien tendre. Retirer la casserole du feu et laisser reposer 5 minutes à couvert.

2. Placer la betterave, la carotte, la courgette et les noix dans un saladier. Ajouter le millet, le vinaigre, l'huile, ½ cuillerée à café de sel et ¼ de cuillerée à café de poivre. Bien mélanger, puis incorporer la maïzena et l'œuf. Laisser reposer 2 heures au réfrigérateur.

3. Placer le yaourt dans un chinois et le laisser égoutter 30 minutes au-dessus d'un bol. Incorporer l'ail, puis saler et poivrer.

4. Sortir la préparation du réfrigérateur et en façonner 4 galettes de mêmes dimensions. Huiler une poêle ou un gril en fonte rainuré, ajouter les galettes et les cuire 5 minutes de chaque côté en les retournant délicatement, jusqu'à ce qu'elles soient bien dorées.

5. Napper les petits pains de sauce au yaourt, ajouter les galettes et garnir le tout de laitue. Servir immédiatement.

Préférez de petites betteraves brun foncé. Elles sont plus sucrées et bien plus tendres que les betteraves plus grosses.

BURGERS AU PORC

PRÉPARATION : 25 minutes, plus refroidissement
CUISSON : 45 minutes

POUR 4 À 6 BURGERS

450 g de filets de porc, coupés en dés
3 cuil. à soupe de confiture d'orange
2 cuil. à soupe de jus d'orange
1 cuil. à soupe de vinaigre balsamique
2 panais (225 g environ), coupés en cubes
1 cuil. à soupe de zeste d'orange finement râpé
2 gousses d'ail, hachées
6 oignons verts, finement hachés
1 courgette, ciselée
1 cuil. à soupe d'huile de tournesol
sel et poivre
feuilles de laitue
4 à 6 petits pains, coupés en deux

1. Placer le porc dans un plat peu profond. Chauffer la confiture avec le jus d'orange et le vinaigre dans une petite casserole sans cesser de remuer jusqu'à ce que la confiture se soit liquéfiée. Verser la marinade sur le porc, couvrir et laisser reposer 30 minutes. Retirer le porc du plat en réservant la marinade, le hacher et le mettre dans un saladier.

2. Pendant ce temps, cuire les panais 15 à 20 minutes à l'eau bouillante salée, jusqu'à ce qu'ils soient tendres. Les égoutter, les réduire en purée et les ajouter au porc. Incorporer ensuite le zeste d'orange, l'ail, les oignons verts et la courgette. Saler, poivrer et mélanger le tout. Façonner 6 galettes avec le mélange obtenu, les couvrir et les mettre au moins 30 minutes au réfrigérateur.

3. Préparer le barbecue. Huiler légèrement les galettes et les faire griller au barbecue 4 à 6 minutes de chaque côté sur des braises moyennement chaudes, jusqu'à ce qu'elles soient bien cuites. Faire bouillir la marinade 5 minutes avant la fin de la cuisson de la viande et la verser dans un bol.

4. Disposer les galettes dans les petits pains avec la laitue, arroser de marinade chaude et servir immédiatement.

KA-POW!

La saveur d'agrume apportée par le jus et le zeste d'orange fait tout l'intérêt de cette recette. Même les zestes contenus dans la confiture d'orange jouent leur rôle dans la texture incomparable du burger.

Galettes de thon et salsa de mangue

Préparation : 15 minutes, plus refroidissement
Cuisson : 25-35 minutes

Le thon frais, le piment et la mangue sont réunis dans ces burgers très modernes. Le thon doit se déguster rosé. Servez ces burgers très chauds.

Pour 4 à 6 galettes

1 grosse patate douce (environ 200 g), hachée
450 g de steaks de thon
6 oignons verts, finement hachés
1 courgette, ciselée
1 piment rouge jalapeño frais, épépiné et haché
2 cuil. à soupe de chutney de mangue
1 cuil. à soupe d'huile de tournesol
sel
feuilles de laitue

Salsa de mangue

1 grosse mangue mûre, dénoyautée et pelée
2 tomates mûres, finement hachées
1 piment rouge jalapeño frais, épépiné et finement haché
1 morceau de concombre de 4 cm, ciselé
1 cuil. à soupe de coriandre fraîche hachée
1 à 2 cuil. à café de miel

1. Cuire la patate douce 15 à 20 minutes à l'eau bouillante salée, jusqu'à ce qu'elle soit tendre. L'égoutter, la réduire en purée et la mettre dans un robot de cuisine. Couper le thon en dés et les ajouter dans le robot de cuisine.

2. Ajouter les oignons verts, la courgette, le piment et le chutney de mangue et mixer le tout par intermittence. Façonner 4 à 6 galettes de mêmes dimensions avec la préparation obtenue, puis les couvrir et les mettre 1 heure au réfrigérateur.

3. Pendant ce temps, préparer la salsa. Émincer la mangue en réservant 8 à 12 tranches pour la décoration. Hacher finement la mangue restante, puis la mélanger avec les tomates, le piment, le concombre, la coriandre et le miel. Bien mélanger et mettre le tout dans un saladier. Couvrir et laisser reposer 30 minutes de sorte que les saveurs se développent.

4. Préparer le barbecue. Huiler les galettes de thon et les cuire 4 à 6 minutes de chaque côté au-dessus de braises très chaudes. Servir immédiatement, accompagné de salsa de mangue et garni de feuilles de laitue et de tranches de mangue.

ÉTAPE 3

ÉTAPE 1

Il existe de nombreuses recettes de salsas qui se marient parfaitement à ces galettes de thon. Essayez la sauce tomate à l'oignon rouge (voir page 184) ou le chow chow (voir page 190).

BURGERS À LA POMME ET AU FROMAGE

PRÉPARATION : 12 minutes, plus refroidissement **CUISSON :** 25-35 minutes

POUR 4 À 6 BURGERS

- 4 à 6 pommes de terre nouvelles (environ 170 g)
- 150 g d'un mélange de fruits à coques, noix de pécan, noix, amandes et noisettes par exemple
- 1 oignon, grossièrement haché
- 2 petites pommes, pelées, évidées et râpées
- 150 g de bleu, émiettée, du stilton par exemple
- 75 g de chapelure fraîche
- 2 cuil. à soupe de farine
- 1 à 2 cuil. à soupe d'huile de tournesol
- sel et poivre
- feuilles de laitue
- 4 à 6 petits pains au fromage, coupés en deux
- rondelles d'oignons rouges

1. Cuire les pommes de terre 15 à 20 minutes à l'eau bouillante, jusqu'à ce qu'elles soient tendres. Les égoutter et les écraser grossièrement, puis les mettre dans un grand saladier.

2. Placer les fruits à coque et l'oignon dans un robot de cuisine et les hacher finement en mixant par intermittence. Ajouter le mélange haché, les pommes, le fromage et la chapelure dans le grand saladier. Saler et poivrer. Bien mélanger le tout et façonner 4 à 6 galettes avec le mélange obtenu. Enrober les galettes de farine, puis les couvrir et les mettre 1 heure au réfrigérateur.

3. Préparer le barbecue. Huiler les galettes et les faire griller 5 à 6 minutes de chaque côté au-dessus de braises très chaudes, jusqu'à ce qu'elles soient bien cuites.

4. Disposer les feuilles de laitue sur la partie inférieure des petits pains, ajouter les galettes et garnir de rondelles d'oignons. Couvrir le tout avec la partie supérieure des petits pains et servir immédiatement.

Le bleu pourrait être trop fort dans cette recette s'il n'était pas associé aux pommes. Ces burgers, qui contiennent des ingrédients très courants, peuvent se préparer à l'improviste !

GALETTES DE DINDE À L'ESTRAGON

PRÉPARATION : 20 minutes, plus refroidissement **CUISSON :** 20-30 minutes

CES GALETTES SONT COMPOSÉES D'INGRÉDIENTS SAINS. LA DINDE ET L'ESTRAGON OFFRENT DES SAVEURS SUBTILES, TANDIS QUE LE BOULGOUR APPORTE DE LA TEXTURE.

POUR 4 GALETTES

- 75 g de boulgour
- 450 g de blancs de dinde fraîchement hachés
- 1 cuil. à soupe de zeste d'orange râpé
- 1 oignon rouge, haché
- 1 poivron jaune, épépiné, pelé et finement haché
- 25 g d'amandes effilées, grillées
- 1 cuil. à soupe d'estragon frais haché
- 1 à 2 cuil. à soupe d'huile de tournesol
- sel et poivre
- feuilles de laitue
- sauce tomate
- salade de tomates aux oignons, en accompagnement

1. Cuire le boulgour 10 à 15 minutes à l'eau bouillante salée, ou suivre les instructions figurant sur l'emballage.

2. Égoutter le boulgour, le mettre dans un saladier et ajouter la dinde, le zeste d'orange, l'oignon, le poivron, les amandes et l'estragon. Saler et poivrer. Bien mélanger le tout et façonner 4 galettes avec le mélange obtenu. Couvrir et laisser reposer 1 heure au réfrigérateur.

3. Préparer le barbecue. Huiler les galettes et les faire griller 5 à 6 minutes de chaque côté au-dessus de braises très chaudes, jusqu'à ce qu'elles soient bien cuites.

4. Déposer quelques feuilles de laitue sur des assiettes, ajouter les galettes et les napper de sauce tomate. Servir immédiatement, accompagné de salade de tomates aux oignons.

ÉTAPE 1

ÉTAPE 2

ÉTAPE 3

L'ESTRAGON A UN LÉGER GOÛT ANISÉ ET SE RÉVÈLE ÊTRE L'ALLIÉ IDÉAL DE LA DINDE, DU POULET ET DU POISSON.

GALETTES DE PATATES DOUCES AU MUNSTER

PRÉPARATION : 10-12 minutes, plus refroidissement

CUISSON : 40-45 minutes

POUR 4 À 6 GALETTES

3 patates douces (environ 450 g), coupées en cubes

400 g de petites fleurettes de brocoli

2 à 3 gousses d'ail, hachées

1 oignon rouge, finement râpé

1½ à 2 piments rouges jalapeño frais, épépinés et finement hachés

150 g de munster, râpé

2 cuil. à soupe de farine complète

2 à 3 cuil. à soupe d'huile de tournesol

4 oignons, émincés

1 cuil. à soupe de coriandre fraîche hachée

sel et poivre

1. Cuire les patates douces 15 à 20 minutes à l'eau bouillantes salées, jusqu'à ce qu'elles soient tendres. Les égoutter et les réduire en purée. Cuire le brocoli 3 minutes à l'eau bouillante dans une autre casserole, puis l'égoutter et le plonger immédiatement dans de l'eau glacée. L'égoutter de nouveau puis l'ajouter à la purée de patates douces.

2. Incorporer l'ail, l'oignon, les piments et le fromage, saler et poivrer. Bien mélanger le tout et façonner 4 à 6 galettes avec le mélange obtenu. Enrober les galettes de farine, les couvrir et les mettre au moins 1 heure au réfrigérateur.

3. Chauffer 1½ cuillerée à soupe d'huile dans une poêle, ajouter les oignons et les faire revenir 12 à 15 minutes à feu moyen, jusqu'à ce qu'ils soient tendres. Incorporer la coriandre et réserver.

4. Préparer le barbecue. Huiler les galettes et les faire griller 5 à 6 minutes de chaque côté au-dessus de braises très chaudes, jusqu'à ce qu'elles soient bien cuites.

5. Garnir les galettes d'oignons grillés à la coriandre et servir immédiatement.

ÉTAPE 1

ÉTAPE 2

ÉTAPE 2

Ces galettes offrent des textures variées et intéressantes. Si vous aimez vraiment le fromage, faites griller quelques tranches de halloumi, dont vous agrémenterez les galettes.

BURGERS FAÇON TARTARE

PRÉPARATION : 20 minutes   CUISSON : 10 minutes

LA VIANDE DE CES BURGERS N'EST PAS CRUE, MAIS EST AGRÉMENTÉE DES CONDIMENTS UTILISÉS DANS LA PRÉPARATION DU STEAK TARTARE.

POUR 6 BURGERS

- 6 cornichons
- 2 cuil. à soupe de câpres
- 1 cuil. à café de grains de poivre vert au vinaigre
- 2 jaunes d'œufs
- 1 cuil. à café de sel
- 680 g de viande de bœuf fraîchement hachée
- 6 petits pains façon baguette, coupés en deux
- 6 cuil. à soupe de mayonnaise

1. Préchauffer le gril et placer la grille à 5 à 8 cm de la source de chaleur.

2. Pendant ce temps, hacher finement les cornichons, les câpres et les grains de poivre vert.

3. Placer les jaunes d'œufs dans un grand bol et les battre légèrement. Incorporer les ingrédients précédemment hachés et le sel. Ajouter ensuite le bœuf et mélanger délicatement le tout. Façonner 6 galettes avec le mélange obtenu.

4. Étaler les galettes sur une plaque de four et les passer 4 minutes au gril, jusqu'à ce qu'elles commencent à brunir. Les retourner et les faire griller encore 4 minutes, jusqu'à ce qu'elles soient cuites à son goût.

5. Pendant ce temps, napper les petits pains avec 1 cuillerée à soupe de mayonnaise. Disposer la viande dans les petits pains et servir immédiatement.

ÉTAPE 5

ÉTAPE 2

AJOUTEZ QUELQUES
GOUTTES DE TABASCO
SI VOUS AIMEZ
MANGER RELEVÉ !

83

BURGERS AU SAUMON

PRÉPARATION : 15 minutes, plus refroidissement

CUISSON : 25-35 minutes

POUR 4 À 6 BURGERS

2 à 3 pommes de terre (280 g environ), coupées en cubes
450 g de filets de saumon, sans peau
170 g d'épinards frais
60 g de pignons, grillés
2 cuil. à soupe de zeste de citron finement râpé
1 cuil. à soupe de persil frais haché
2 cuil. à soupe de farine complète
250 g de crème fraîche ou de yaourt à la grecque
1 morceau de concombre de 4 cm, pelé, épépiné et finement haché
2 cuil. à soupe d'huile de tournesol
sel et poivre
4 à 6 petits pains complets, coupés en deux
tomates cerises grillées, en accompagnement

1. Cuire les pommes de terre 15 à 20 minutes à l'eau bouillante, jusqu'à ce qu'elles soient tendres. Les égoutter, les réduire en purée et les réserver. Couper le saumon en dés.

2. Réserver quelques feuilles d'épinards pour la garniture, puis blanchir les feuilles restantes 2 minutes à l'eau bouillante salée. Les égoutter en veillant à bien exprimer l'excédent d'eau, puis les hacher.

3. Placer les épinards dans un robot de cuisine, ajouter le saumon, les pommes de terre, les pignons, 1 cuillerée à soupe de zeste de citron et le persil. Saler et poivrer. Hacher le tout en mixant par intermittence. Façonner 4 à 6 galettes avec la préparation obtenue, puis les couvrir et les mettre 1 heure au réfrigérateur. Sortir ensuite les galettes du réfrigérateur et les enrober de farine.

4. Mélanger la crème fraîche, le concombre et le zeste de citron restant dans un bol. Couvrir et réserver.

5. Préparer le barbecue. Huiler les galettes et les faire griller 4 à 6 minutes de chaque côté au-dessus de braises très chaudes, jusqu'à ce qu'elles soient bien cuites.

6. Répartir les feuilles d'épinards réservées sur la partie inférieure des petits pains, ajouter les galettes et napper de crème fraîche. Couvrir avec la partie supérieure des petits pains et servir immédiatement, accompagné de tomates cerises grillées.

Le saumon frais, les épinards et les pignons créent des burgers colorés. Veillez à bien essorer les épinards afin que les burgers ne soient pas détrempés.

GALETTES DE DINDE À LA MENTHE ET AU CITRON

PRÉPARATION : 10 minutes, plus refroidissement   **CUISSON :** 15 minutes

POUR 6 GALETTES

450 g de blancs de dinde fraîchement hachés

½ petit oignon, râpé

zeste râpé et jus d'un petit citron

1 gousse d'ail, hachée

2 cuil. à soupe de menthe fraîche hachée

½ cuil. à café de poivre

1 cuil. à café de gros sel

1 œuf, battu

1 cuil. à soupe d'huile d'olive

quartiers de citron, en accompagnement

1. Placer tous les ingrédients, à l'exception de l'huile, dans un saladier et mélanger à l'aide d'une fourchette. Façonner 12 galettes avec le mélange obtenu, les couvrir et les mettre au moins 1 heure au réfrigérateur.

2. Chauffer l'huile dans une grande poêle à fond épais, ajouter les galettes et les cuire 4 à 5 minutes de chaque côté à feu moyen à vif, jusqu'à ce qu'elles soient dorées et bien cuites. Procéder en plusieurs fournées si nécessaire.

3. Dresser les galettes sur des assiettes chaudes et les servir immédiatement, accompagnées de quartiers de citron.

La viande de dinde est plus maigre que celle de poulet, elle est donc idéale pour ceux qui surveillent leur alimentation. En accompagnement, préférez des légumes grillés plutôt que du pain et des frites.

BURGERS AU PASTRAMI

PRÉPARATION : 15 minutes   **CUISSON : 10 minutes**

Ces burgers au pastrami trouvent leur origine dans la ville de Salt Lake City, en Utah, aux États-Unis.

POUR 4 BURGERS

450 g de viande de bœuf fraîchement hachée
1 cuil. à café de sel
½ cuil. à café de poivre
1 cuil. à soupe de beurre
tranches de fromage
4 petits pains aux graines de sésame, coupés en deux
60 ml de sauce thousand island
feuilles de laitue ciselées
225 g de tranches de pastrami

1. Placer la viande dans un saladier avec le sel et le poivre, et mélanger délicatement. Façonner 4 galettes avec le mélange obtenu.

2. Chauffer un gril en fonte rainuré ou une grande poêle à feu moyen à vif. Ajouter le beurre et le chauffer jusqu'à ce qu'il cesse de mousser. Déposer les galettes dans le gril et les cuire 4 minutes sans les déplacer, jusqu'à ce qu'elles n'attachent plus au fond du gril. Les retourner et les faire griller encore 2 minutes, puis déposer des tranches de fromage dessus. Poursuivre la cuisson 3 minutes, jusqu'à ce que les galettes soient cuites à son goût.

3. Disposer les petits pains ouverts sur les assiettes, les napper de sauce thousand island et ajouter de la laitue. Placer les galettes sur la partie inférieure des petits pains, ajouter le pastrami et couvrir le tout avec la partie supérieure des petits pains. Servir immédiatement.

ÉTAPE 1

ÉTAPE 2

ÉTAPE 2

POURQUOI NE PAS AJOUTER UNE SAUCE À MOUTARDE MAISON (*VOIR* PAGE 174), OU DE LA MOUTARDE AU PIMENT CHIPOTLE (*VOIR* PAGE 180).

89

Burgers au crabe du Maryland

Préparation : 25 minutes, plus refroidissement **Cuisson :** 15 minutes

Dans le Maryland, on sert d'énormes sandwiches au crabe garnis de laitue et de tomates.

Pour 6 burgers

- 450 g de chair de crabe
- 160 g de mayonnaise
- 1 cuil. à soupe de persil frais haché
- 1 cuil. à café du mélange d'épices old bay ou d'un autre mélange
- 1 cuil. à café de sauce Worcestershire
- 1 cuil. à café de moutarde en poudre
- ½ cuil. à café de sel
- ¼ de cuil. à café de poivre
- 1 œuf
- 30 g de chapelure sèche
- 2 cuil. à soupe de beurre
- 6 petits pains, coupés en deux
- rondelles de tomates
- feuilles de laitue ciselées
- sauce tartare (*voir* page 182) et quartiers de citron, en accompagnement

1. Placer la chair de crabe dans un saladier et ajouter la mayonnaise, le persil, les épices, l'œuf, la sauce Worcestershire, la moutarde, le sel et le poivre. Mélanger délicatement, puis incorporer progressivement la chapelure. Placer au réfrigérateur au moins 30 minutes.

2. Façonner 6 galettes de mêmes dimensions avec le mélange réfrigéré.

3. Chauffer un gril en fonte rainuré ou une poêle à feu moyen, ajouter le beurre et attendre qu'il cesse de mousser. Ajouter les galettes et les cuire 6 à 7 minutes de chaque côté, jusqu'à ce qu'elles soient dorées.

4. Déposer les galettes sur la partie inférieure des petits pains, ajouter les rondelles de tomates, de la laitue et de la sauce tartare, et couvrir le tout avec la partie supérieure des petits pains. Servir immédiatement, accompagné de quartiers de citron.

Pour préparer vous-même le mélange d'épices Old Bay, vous devrez moudre et mélanger une cuillerée à soupe de graines de céleri, de grains de poivre noir et de paprika, une demi-cuillerée à café de gousses de cardamome et de graines de moutarde, un quart de cuillerée à café de macis, 4 clous de girofle et 6 feuilles de laurier.

BURGERS DU BOUCHER

PRÉPARATION : 20 minutes, plus refroidissement   **CUISSON :** 10 minutes

LES MEILLEURS BURGERS SONT À BASE DE VIANDE QUE L'ON HACHE SOI-MÊME, SANS AVOIR RECOURS À UN HACHOIR À VIANDE.

POUR 4 BURGERS

450 g de collier, de rond de gîte ou de plat de côte, ou un mélange, comprenant au moins 20 % de matière grasse
1 cuil. à café de sel
½ cuil. à café de poivre
4 petits pains, coupés en deux
tranches de fromage
2 cuil. à soupe de mayonnaise
2 cuil. à soupe de ketchup
feuilles de laitue
rondelles de tomates

1. Préparer le barbecue. Détailler la viande en cubes de 2,5 cm, puis la mettre sur une assiette, la couvrir de film alimentaire et la mettre au moins 30 minutes au réfrigérateur.

2. Placer la moitié de la viande dans un robot de cuisine et actionner le robot une quinzaine de fois (ne pas mixer en continu). Ajouter la moitié du sel et du poivre, et actionner de nouveau le robot 10 à 15 fois, jusqu'à ce que la viande soit hachée sans être trop mixée. Retirer la viande du robot et répéter l'opération avec la viande restante. Façonner 4 galettes avec la totalité de la viande hachée.

3. Faire griller les galettes au barbecue 3 minutes de chaque côté pour une viande saignante ou 4 minutes de chaque côté pour une viande à point. Déposer les tranches de fromage sur les galettes 2 minutes avant la fin de la cuisson.

4. Pendant ce temps, mélanger la mayonnaise et le ketchup, et napper les petits pains du mélange. Ajouter les galettes, les feuilles de laitue et les rondelles de tomates, et servir immédiatement.

KA-POW!

ÉTAPE 1

ÉTAPE 2

ÉTAPE 4

Pour cette viande fraîchement hachée, préférez une cuisson saignante.

BURGERS FUMÉS

PRÉPARATION : 25 minutes   CUISSON : 10 minutes

DES OIGNONS FONDANTS ET LÉGÈREMENT SUCRÉS SONT UN ACCOMPAGNEMENT PARFAIT DE CE TYPE DE BURGERS.

POUR 4 BURGERS

copeaux de bois, pour fumer

450 g de viande de bœuf fraîchement hachée

1 cuil. à café de sel

½ cuil. à café de poivre

tranches de gouda fumé

petits pains briochés, coupés en deux

SAUCE AUX FIGUES

1 portion d'oignons caramélisés (*voir page 202*)

80 g de confiture de figues

1 cuil. à soupe de vinaigre de vin rouge

1 cuil. à soupe de sauce de soja

1 cuil. à café de sauce Worcestershire

poivre

1. Faire tremper les copeaux de bois au moins 10 minutes.

2. Pour la sauce, mettre les oignons caramélisés, la confiture, le vinaigre, la sauce de soja, la sauce Worcestershire et du poivre dans une casserole. Porter à frémissement et cuire 1 à 2 minutes, jusqu'à obtention d'une confiture épaisse. Réserver.

3. Placer la viande dans un saladier avec le sel et le poivre, et mélanger délicatement. Façonner 4 galettes avec le mélange obtenu.

4. Envelopper les copeaux de bois égouttés dans du papier d'aluminium de façon à obtenir une papillote qui laisse s'échapper la vapeur à la cuisson. Dans un barbecue à gaz, déposer la papillote au-dessus d'un brûleur et éteindre les autres ou réduire leur puissance au minimum. Couvrir le barbecue et chauffer à 200 °C.

5. Dans un barbecue à charbon, préparer les braises, puis les repousser dans un coin du barbecue et placer la papillote dessus.

6. Lorsque les copeaux de bois commencent à fumer, déposer les galettes sur la grille, du côté opposé à celui de la papillote. Couvrir le barbecue et cuire les galettes 4 minutes, jusqu'à ce qu'elles soient dorées. Les retourner et les cuire encore 2 minutes, puis les couvrir de tranches de fromage et poursuivre la cuisson 2 minutes, jusqu'à ce que les galettes soient cuites à son goût.

7. Disposer les galettes de viande dans les petits pains, ajouter la sauce aux figues et servir immédiatement.

ÉTAPE 6

ÉTAPE 3

Le gouda fumé renforce la saveur fumée de la viande, et la sauce aigre-douce apporte une touche savoureuse à ces burgers originaux.

95

BURGERS « BLT » AUX ASPERGES

PRÉPARATION : 12 minutes, plus refroidissement   **CUISSON :** 15 minutes

POUR 4 À 6 BURGERS

225 g de tranches de bacon
450 g de viande de bœuf fraîchement hachée
1 oignon, râpé
2 à 4 gousses d'ail, hachées
1 à 2 cuil. à soupe d'huile de tournesol
sel et poivre
feuilles de laitue
4 à 6 petits pains, coupés en deux
rondelles de tomates

DIP

170 g de pointes de jeunes asperges vertes
1 cuil. à soupe de jus de citron
1 petit avocat mûr, pelé, dénoyauté et finement haché
2 tomates fermes, mondées, épépinées et finement hachées
160 g de crème fraîche ou de yaourt à la grecque
sel et poivre

1. Dégraisser le bacon et le hacher finement.

2. Placer le bacon, la viande hachée, l'oignon et l'ail dans un grand saladier, saler et poivrer. Bien mélanger le tout et façonner 4 à 6 galettes avec le mélange obtenu. Couvrir les galettes et les mettre 30 minutes au réfrigérateur.

3. Pour le dip, parer les asperges et les cuire 5 minutes à l'eau bouillante salée. Les égoutter et les plonger immédiatement dans de l'eau glacée. Les laisser refroidir, puis les égoutter et en hacher la moitié (réserver l'autre moitié pour la garniture). Arroser l'avocat de jus de citron. Mélanger les asperges hachées, l'avocat, les tomates et la crème fraîche. Saler, poivrer et couvrir, puis réserver au réfrigérateur.

4. Préparer le barbecue. Huiler les galettes et les faire griller 3 à 4 minutes de chaque côté au-dessus de braises chaudes, jusqu'à ce qu'elles soient cuites à son goût.

5. Disposer les feuilles de laitue sur la partie inférieure des petits pains, ajouter les galettes et garnir de rondelles de tomates, de pointes d'asperges et d'une cuillerée de dip. Couvrir avec la partie supérieure des petits pains et servir immédiatement.

L'association « BLT » (Bacon, Laitue et Tomates) fonctionne très bien dans un burger. Le dip aux asperges et aux avocats ajoute une dimension raffinée au « BLT ». Préparez toujours vos dips 30 minutes à l'avance pour laisser le temps aux saveurs de se développer.

BURGERS AUX CHAMPIGNONS SAUTÉS

PRÉPARATION : 25 minutes   CUISSON : 25 minutes

Les champignons revenus avec de l'ail et du romarin ajoutent de la subtilité à la saveur de ces burgers.

POUR 4 BURGERS

1 cuil. à soupe d'huile d'olive vierge extra, un peu plus pour la cuisson

1 gousse d'ail, finement hachée

½ cuil. à café de romarin ou de thym frais haché

225 g de champignons, pieds ôtés, finement hachés

450 g de viande de bœuf fraîchement hachée

tranches hachées

½ cuil. à café de sel

¼ cuil. à café de poivre

4 petits pains briochés, coupés en deux

beurre ramolli, pour tartiner

sel et poivre

1. Chauffer l'huile dans une grande poêle à feu moyen, ajouter l'ail et le romarin, et faire revenir 30 secondes, jusqu'à ce que les arômes se développent. Ajouter les champignons et les faire revenir 1 minute sans cesser de remuer. Saler, poivrer et réduire le feu. Poursuivre la cuisson 15 minutes en remuant souvent, jusqu'à ce que les champignons aient rendu leur jus et qu'ils soient tendres.

2. Placer les champignons dans un saladier et les laisser refroidir, puis ajouter la viande, ½ cuillerée à café de sel et ¼ de cuillerée à café de poivre. Mélanger délicatement, puis façonner 4 galettes avec le mélange obtenu.

3. Chauffer de nouveau la poêle à feu moyen à vif et ajouter assez d'huile pour en couvrir le fond. Déposer les galettes dans la poêle et les cuire 4 minutes, jusqu'à ce qu'elles soient dorées et se détachent facilement du fond de la poêle. Les retourner, les cuire encore 2 minutes et les couvrir de tranches de fromage. Poursuivre la cuisson 2 minutes, jusqu'à ce que les galettes soient cuites à son goût.

4. Beurrer les petits pains, ajouter les galettes et servir immédiatement.

ÉTAPE 1

ÉTAPE 2

ÉTAPE 3

Les champignons ainsi revenus sont appelés « duxelles ». Ajoutez des échalotes pour un goût plus authentique et de la crème fraîche pour plus de gourmandise.

99

BURGERS À LA TRUFFE

PRÉPARATION : 10 minutes **CUISSON : 20 minutes**

Ces burgers sont garnis d'huile de truffe et de parmesan, et sont servis sur de la focaccia.

POUR 4 BURGERS

- 450 g de viande de bœuf fraîchement hachée
- 200 g de parmesan fraîchement râpé
- ½ cuil. à café de sel
- ½ cuil. à café de poivre
- 4 morceaux de focaccia de 150 x 15 cm, coupés en deux dans l'épaisseur
- 1 cuil. à café d'huile de truffe blanche

1. Préchauffer le gril à température maximale. Dans un grand saladier, mélanger la viande, 130 g de parmesan, le sel et le poivre. Façonner 4 galettes avec le mélange obtenu, les mettre sur du papier sulfurisé et les réserver.

2. Chauffer une petite poêle antiadhésive à feu moyen et y déposer un quart du parmesan en un tas uniforme. Chauffer jusqu'à ce que le fromage ait fondu. À l'aide d'une spatule, transférer la chips ainsi obtenue sur une assiette et la laisser refroidir et durcir. Répéter l'opération avec le fromage restant pour obtenir 4 chips au total.

3. Passer les galettes 4 minutes au gril préchauffé, jusqu'à ce qu'elles soient dorées. Les retourner et les faire griller encore 4 minutes, jusqu'à ce qu'elles soient cuites à son goût.

4. Déposer chaque galette sur un morceau de focaccia et les arroser avec ¼ de cuillerée à café d'huile de truffe. Garnir avec les chips de parmesan et servir immédiatement.

Les chips de parmesan peuvent aussi être préparées au four sur du papier sulfurisé, ou même au four à micro-ondes. Veillez juste à ce que les chips aient la place de s'étendre à la cuisson.

BURGERS AU MAHI-MAHI

PRÉPARATION : 15 minutes, plus refroidissement et repos

CUISSON : 18-20 minutes

Agrémentés de parmesan et de basilic, ces burgers au poisson sont très savoureux. La polenta qui lie tous les ingrédients est très facile à préparer.

POUR 4 À 6 BURGERS

- 300 ml d'eau
- 250 g de polenta instantanée
- 450 g de filets de mahi-mahi, de lieu jaune ou de tilapia, sans peau
- 1 cuil. à soupe de basilic frais haché
- 65 g de parmesan fraîchement râpé
- 2 cuil. à soupe de farine
- 1 à 2 cuil. à soupe d'huile d'olive
- sel et poivre
- aïoli (*voir* page 192)
- 4 à 6 morceaux de ciabatta
- pousses d'épinards et légumes méditerranéens grillés, en accompagnement

1. Verser l'eau dans une grande casserole et la porter à ébullition. Verser la polenta progressivement et cuire 5 minutes à feu doux sans cesser de remuer, jusqu'à épaississement, ou suivre les instructions figurant sur l'emballage. Laisser refroidir 10 minutes.

2. Placer la polenta, le poisson, le basilic et le fromage dans un robot de cuisine, saler et poivrer. Mélanger le tout en mixant par intermittence. Façonner 4 à 6 galettes avec le mélange obtenu, puis les enrober de farine. Couvrir et mettre 1 heure au réfrigérateur.

3. Préparer le barbecue. Enduire les galettes d'huile et les faire griller 4 à 5 minutes de chaque côté au-dessus de braises moyennement chaudes, jusqu'à ce qu'elles soient bien cuites.

4. Déposer les galettes sur des morceaux de ciabatta et les garnir d'aïoli. Servir immédiatement, accompagné de pousses d'épinards et de légumes méditerranéens grillés.

La polenta instantanée, une farine de maïs, est très rapide à préparer. À défaut, suivez les instructions de l'emballage pour préparer de la polenta traditionnelle.

BURGERS DE DINDE AU GORGONZOLA

PRÉPARATION : 10 minutes   **CUISSON : 10 minutes**

Oubliez les burgers de dinde sans goût avec cette recette au gorgonzola et au poivre. La viande est délicieusement moelleuse.

POUR 4 BURGERS

- 2 échalotes, finement hachées
- ½ cuil. à café de sel
- ½ cuil. à café de poivre
- 50 g de gorgonzola ou autre bleu, émietté
- 450 g de blancs de dinde fraîchement hachés
- 4 petits pains croustillants, coupés en deux

1. Préchauffer le gril à température moyenne à maximale. Placer les échalotes, le sel, le poivre et le fromage dans un saladier et bien mélanger le tout. Ajouter la viande et mélanger de nouveau.

2. Façonner 4 galettes de mêmes dimensions avec le mélange obtenu.

3. Passer les galettes au gril 4 minutes de chaque côté, jusqu'à ce qu'elles soient dorées et bien cuites. Les mettre dans les petits pains et servir immédiatement.

> Si vous ne trouvez pas de gorgonzola, ou que vous n'appréciez pas son crémeux, utilisez du roquefort.

BURGERS AUX CÈPES

PRÉPARATION : 10 minutes   **CUISSON :** 10 minutes

Des cèpes déshydratés réduits en poudre viennent délicatement parfumer ces burgers raffinés.

POUR 4 BURGERS

55 g de cèpes déshydratés
2 cuil. à soupe d'huile d'olive, un peu plus pour graisser
1 cuil. à café de sel
½ cuil. à café de poivre
450 g de viande de bœuf fraîchement hachée
50 g de fromage râpé
4 petits pains briochés, coupés en deux
4 cuil. à café de beurre, ramolli
oignons caramélisés (*voir* page 202)

1. Moudre les cèpes déshydratés dans un moulin à épices ou un moulin à café propre. On doit obtenir l'équivalent de 2 cuillerées à soupe. Placer la poudre dans un bol, ajouter l'huile, le sel et le poivre, et remuer jusqu'à ce que le sel soit dissous. Si nécessaire, incorporer 2 cuillerées à café d'eau à la préparation. Ajouter la viande et mélanger délicatement, puis façonner 4 galettes avec le mélange obtenu.

2. Chauffer un gril en fonte rainuré ou une poêle à feu moyen à vif, puis en couvrir le fond d'huile. Ajouter les galettes et les cuire 4 minutes de chaque côté, jusqu'à ce qu'elles soient dorées. Couvrir les galettes de fromage 2 minutes avant la fin de la cuisson.

3. Beurrer les petits pains et y ajouter les galettes de viande. Garnir d'oignons caramélisés et servir immédiatement.

ÉTAPE 2

ÉTAPE 1

Les champignons sauvages ont un goût plus prononcé que les champignons de couche. Les cèpes sont succulents mais peuvent être onéreux. Vous pouvez choisir d'autres types de champignons sauvages.

TARTINES AUX LÉGUMES GRILLÉS

PRÉPARATION : 30 minutes   **CUISSON :** 20 minutes

Les sels parfumés permettent de donner facilement du goût à un barbecue. Le sel fumé ajoute ici une saveur incomparable aux légumes grillés.

POUR 6 TARTINES

- 2 petites courgettes
- 2 tomates
- 6 tranches épaisses de pain de au levain
- 2 cuil. à soupe d'huile d'olive, plus 1 cuil. à soupe pour arroser
- 680 g de viande de bœuf fraîchement hachée
- 1½ cuil. à café de sel fumé, à volonté

1. Préchauffer le gril à température maximale. Retirer les extrémités des courgettes, puis les détailler en lamelles de 1,5 cm dans le sens de la longueur. Il faut 12 lamelles au total.

2. Retirer le sommet et la base des tomates, puis les couper en rondelles.

3. Huiler les lamelles de courgettes, les rondelles de tomates et les tranches de pain.

4. Mélanger la viande et le sel dans un saladier, puis façonner 6 galettes avec le mélange obtenu.

5. Placer les légumes et le pain sur une grille et les passer au gril 3 minutes de chaque côté, jusqu'à ce que les courgettes soient tendres. Les retirer de la grille et les saupoudrer de sel fumé.

6. Disposer les galettes de viande sur la grille et les passer au gril 4 minutes de chaque côté, jusqu'à ce qu'elles soient cuites à son goût. Déposer les galettes sur les tranches de pain et les assaisonner de sel fumé. Garnir chaque galette de 2 lamelles de courgettes et de 2 rondelles de tomates. Arroser d'huile et servir immédiatement.

Le sel fumé se trouve dans toutes les grandes surfaces, mais il est très simple de le fabriquer (au barbecue, au gril et même au wok).

BURGERS FARCIS AU BLEU

PRÉPARATION : 20 minutes   CUISSON : 10 minutes

CES BURGERS AUSSI ORIGINAUX QUE GOURMANDS SE MARIENT À MERVEILLE AVEC DE LA SAUCE AUX FIGUES (VOIR PAGE 94).

POUR 4 BURGERS

- 550 g de viande de bœuf fraîchement hachée
- 1 cuil. à café de sel
- ½ cuil. à café de poivre
- 55 à 85 g de bleu, coupé en 4 morceaux
- huile végétale, pour la cuisson
- 4 petits pains briochés, coupés en deux
- feuilles de laitue
- rondelles de tomates
- rondelles d'oignons rouges

1. Placer la viande dans un saladier, ajouter le sel et le poivre, et mélanger délicatement. Diviser le mélange obtenu en 4 portions et les façonner en boules. Creuser un trou au centre de chaque boule et y déposer un morceau de bleu. Refermer soigneusement le trou, puis aplatir les boules en galettes de 1,5 cm.

2. Chauffer une grande poêle antiadhésive ou un gril en fonte rainuré à feu moyen à vif, en couvrir le fond d'huile et ajouter les galettes. Faire griller les galettes 4 à 5 minutes de chaque côté, jusqu'à ce qu'elles soient dorées et cuites à son goût (du fromage s'échappera peut-être de la viande à la cuisson).

3. Disposer les galettes dans les petits pains, ajouter la laitue, les tomates et les oignons, et servir immédiatement.

ÉTAPE 1

ÉTAPE 2

ÉTAPE 3

Ces burgers ne laisseront pas vos invités indifférents – surtout s'ils sont amateurs de bleu. Réservez cette recette aux barbecues estivaux.

111

BURGERS AU VEAU

PRÉPARATION : 25 minutes **CUISSON : 20 minutes**

CES BURGERS METTENT LA TENDRETÉ DU VEAU À L'HONNEUR EN L'ADDITIONNANT DE GRAINS DE POIVRE MULTICOLORES.

POUR 4 BURGERS

- 3 échalotes
- 2 cuil. à soupe d'huile d'olive
- 450 g de viande de veau hachée
- 1 cuil. à café de sel
- ½ cuil. à café de grains de poivre noir, blanc, vert et rose
- 4 morceaux de focaccia de 15 x 15 cm, coupés en deux
- 1 poignée de feuilles de roquette

1. Peler les échalotes et les détailler en rondelles, puis séparer les rondelles en anneaux. Chauffer l'huile dans une grande poêle à feu vif jusqu'à ce qu'elle soit crépitante et ajouter les échalotes (elles doivent grésiller immédiatement). Cuire 10 minutes en remuant de temps en temps, jusqu'à ce que les anneaux soient bien dorés. Retirer les échalotes de la poêle à l'aide d'une écumoire ou de pinces, et les égoutter sur du papier absorbant. Réserver la poêle.

2. Placer la viande dans un grand saladier, saler et poivrer. Mélanger délicatement et façonner 4 galettes avec le mélange obtenu.

3. Vider l'huile de la poêle pour n'en laisser qu'un peu et chauffer de nouveau à feu moyen à vif. Ajouter les galettes et les faire griller 4 minutes de chaque côté, jusqu'à ce qu'elles soient cuites à son goût.

4. Déposer les galettes sur les morceaux de focaccia et les garnir d'échalotes frites et de roquettes. Servir immédiatement.

ÉTAPE 3

ÉTAPE 1

Il est parfois difficile de trouver du veau haché dans les grandes surfaces. Vous pouvez le remplacer par du poulet, de la dinde et même de l'agneau.

113

BURGERS À LA MOZZARELLA ET AUX CHAMPIGNONS

PRÉPARATION : 10 minutes   CUISSON : 15 minutes

CES BURGERS VÉGÉTARIENS COMBINENT DES CHAMPIGNONS PORTOBELLO MARINÉS À DE LA MOZZARELLA ET DU PESTO DANS DE LA FOCACCIA.

POUR 4 BURGERS

- 4 cuil. à café d'huile d'olive
- 2 cuil. à café de vinaigre de vin rouge
- 1 gousse d'ail, hachée
- 4 gros champignons portobello, sans les pieds
- tranches de mozzarella
- 4 morceaux de focaccia de 15 x 15 cm, coupés en deux
- 60 ml de pesto
- rondelles de tomates
- feuilles de roquettes
- sel et poivre

1. Préchauffer le gril à température maximale et le four à 160 °C (th. 5-6). Émulsionner l'huile avec le vinaigre et l'ail. Disposer les champignons sur une grille, intérieur vers le haut, et les arroser de vinaigrette, puis les saler et les poivrer.

2. Passer les champignons 5 à 8 minutes au gril, jusqu'à ce qu'ils soient tendres. Déposer les tranches de mozzarella sur les champignons et cuire encore 1 à 2 minutes, jusqu'à ce que le fromage soit bouillonnant. Pendant ce temps, mettre la focaccia 5 minutes en bas du four pour la réchauffer.

3. Napper la focaccia de pesto, ajouter les champignons au fromage et couvrir de rondelles de tomates et de roquette. Servir immédiatement.

KA-BOOM !!

> Ces burgers sont tout indiqués si vous avez des invités végétariens – veillez seulement à ce que le fromage ne contienne pas de présure animale.

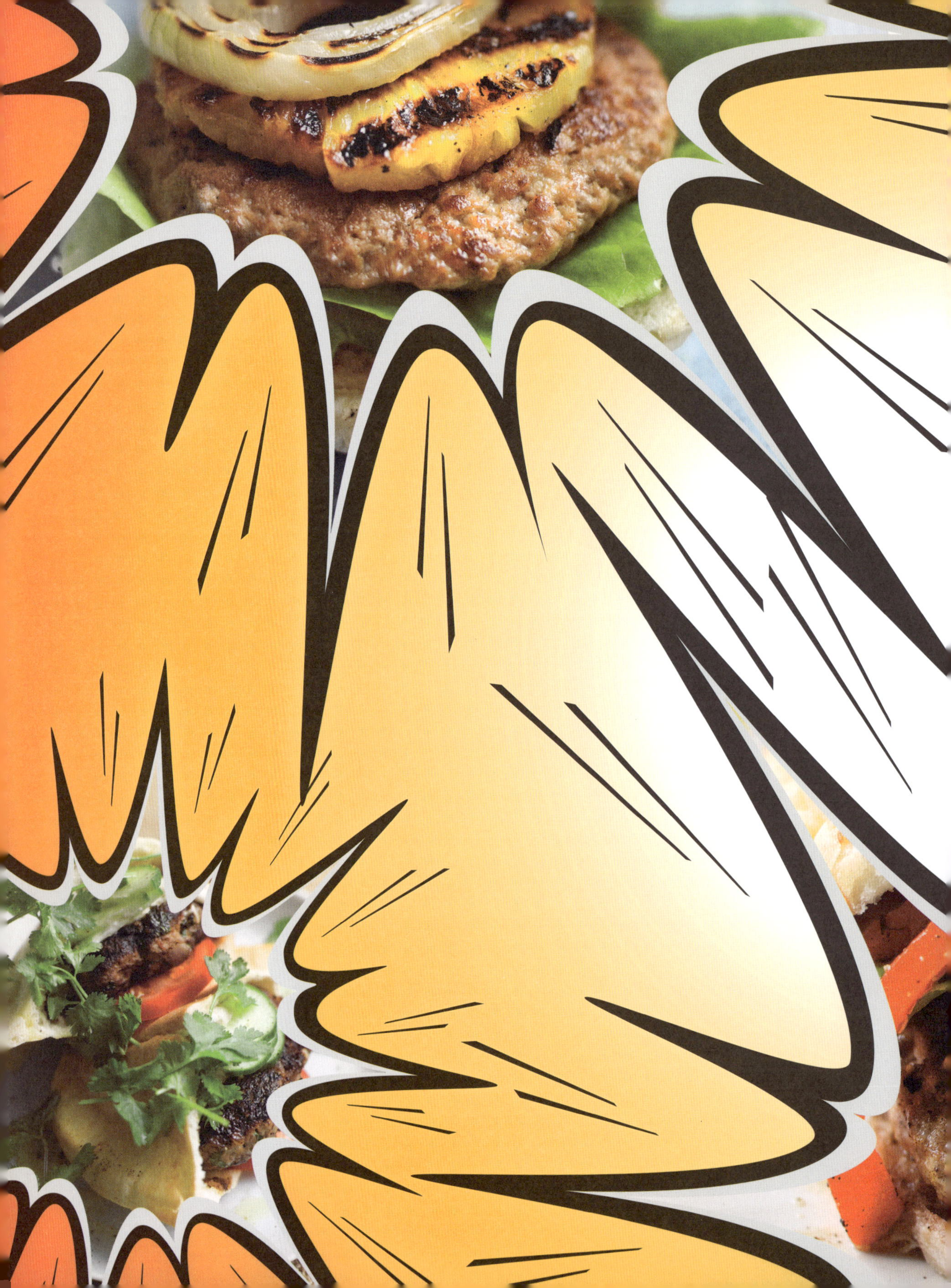

CHAPITRE 3
BURGERS EXOTIQUES

SLIDERS

PRÉPARATION : 15 minutes   **CUISSON : 7 minutes**

Les sliders sont des mini-burgers que vous pourrez servir en amuse-bouche ou en hors-d'œuvre.

POUR 12 SLIDERS

- 450 g de viande de bœuf fraîchement hachée
- 1 cuil. à café de sel
- ½ cuil. à café de poivre
- 1 à 2 cuil. à café de beurre
- 85 g de fromage, coupé en tranches carrées de 5 cm
- 12 mini-petits pains, coupés en deux

1. Placer la viande dans un saladier, ajouter le sel et le poivre, et mélanger. Façonner 12 galettes avec le mélange obtenu.

2. Chauffer un gril en fonte rainuré à feu moyen à vif, ajouter le beurre et le répartir dans le gril à l'aide d'une spatule. Ajouter les galettes et les cuire 3 minutes sur une face, puis les retourner et les couvrir de carrés de fromage. Les faire griller encore 2 à 3 minutes, jusqu'à ce qu'elles soient dorées et cuites à son goût.

3. Disposer les burgers dans les petits pains et servir immédiatement.

KA-BOOM!!

ÉTAPE 1

ÉTAPE 2

ÉTAPE 2

Ces mini-burgers sont parfaits pour recevoir. Si vos invités sont nombreux, variez le type de viande utilisé.

BURGERS JAMAÏQUAINS

PRÉPARATION : 25 minutes **CUISSON :** 20 minutes

Dans ces délicieux burgers, des blancs de poulet hachés sont assaisonnés d'épices jamaïquaines.

POUR 4 BURGERS

- 1 cuil. à café de sucre roux
- 1 cuil. à café de gingembre en poudre
- ½ cuil. à café de poudre de quatre-épices
- ½ cuil. à café de thym séché
- ½ à 1 cuil. à café de piment de Cayenne
- 1 cuil. à soupe de jus de citron vert
- 2 gousses d'ail, hachées
- ½ cuil. à café de sel
- ½ cuil. à café de poivre
- 450 g de poulet haché
- 1 cuil. à soupe d'huile végétale
- 1 poivron rouge ou jaune, épépiné et coupé en grands carrés plats
- 1 cuil. à café d'huile d'olive
- 1 cuil. à café de vinaigre de vin rouge
- 4 petits pains, coupés en deux
- feuilles de laitue
- sel et poivre

1. Placer le sucre, le gingembre, la poudre de quatre-épices, le thym, le piment de Cayenne, le jus de citron vert, l'ail, le sel et le poivre dans un saladier. Ajouter le poulet et bien mélanger le tout. Façonner 4 galettes avec le mélange obtenu.

2. Chauffer l'huile végétale dans un gril en fonte rainuré à feu moyen à vif, ajouter le poivron et le cuire 5 minutes en remuant souvent, jusqu'à ce qu'il ait noirci. Le transférer dans un bol, couvrir de film alimentaire et laisser reposer 5 minutes. Retirer ensuite le film alimentaire et peler le poivron, puis couper la chair en lanières. Ajouter l'huile d'olive et le vinaigre, puis saler et poivrer.

3. Disposer les galettes dans le gril, couvrir et faire griller 5 minutes de chaque côté, jusqu'à ce que le poulet ait doré et soit bien cuit. Disposer les galettes dans les petits pains, garnir de laitue et de poivrons, et servir immédiatement.

ÉTAPE 3

ÉTAPE 1

Pour relever davantage ces burgers, servez-les avec des piments jalapeño au vinaigre (voir page 198).

121

BURGERS LONDONIENS

PRÉPARATION : 10 minutes   CUISSON : 20 minutes

FAITES CUIRE LES ŒUFS À VOTRE CONVENANCE, MAIS NOTEZ TOUTEFOIS QUE DU JAUNE COULANT FAIT UNE SAUCE PARFAITE…

POUR 4 BURGERS

450 g de viande de bœuf fraîchement hachée
2 cuil. à soupe de Sauce Worcestershire
4 muffins anglais
4 cuil. à soupe de beurre
2 cuil. à café d'huile végétale
4 œufs
½ cuil. à café de sel
½ cuil. à café de poivre

1. Mélanger la viande hachée et la moitié de la sauce Worcestershire dans un grand saladier. Façonner 4 galettes avec le mélange obtenu de sorte qu'elles soient plus larges de 1,5 cm que les muffins, puis creuser une cavité au centre de chacune.

2. Couper les muffins en deux dans l'épaisseur et les beurrer.

3. Chauffer une grande poêle à feu moyen à vif, ajouter les demi-muffins, côté beurré vers le bas, et les cuire 2 minutes. Transférer ensuite les muffins dans des assiettes.

4. Placer les galettes dans la poêle et les cuire 4 minutes, jusqu'à ce qu'elles soient dorées. Les retourner et les faire griller encore 4 minutes, jusqu'à ce qu'elles soient cuites à son goût. Répartir les galettes sur 4 demi-muffins et les arroser de la sauce Worcestershire restante.

5. Ajouter de l'huile dans la poêle et y casser les œufs, puis saler et poivrer. Couvrir et cuire 3 minutes, jusqu'à ce que les blancs commencent à prendre. Garnir chaque galette de viande d'un œuf, couvrir avec les demi-muffins restants et servir immédiatement.

Ces burgers sont parfaits pour un brunch. Pourquoi ne pas ajouter du bacon et du ketchup fait maison (voir page 170) ?

BURGERS À LA MAROCAINE

PRÉPARATION : 20 minutes, plus repos   CUISSON : 12 minutes

POUR 4 BURGERS

560 g de viande d'agneau hachée
1 oignon, râpé
1 cuil. à café de harissa
1 gousse d'ail, hachée
2 cuil. à soupe de menthe fraîche hachée
½ cuil. à café de graines de cumin, pilées
½ cuil. à café de paprika
huile, pour graisser
sel et poivre
4 petits pains pita, chauds
rondelles d'oignon rouge
feuilles de laitue ciselées

SAUCE AU YAOURT ET AU CONCOMBRE

½ gros concombre
60 g de yaourt
1 poignée de menthe fraîche hachée
sel

1. Pour la sauce, peler le concombre, les couper en quartiers dans la longueur et l'épépiner. Hacher la chair, la mettre dans une passoire au-dessus d'un bol et la saupoudrer de sel. Poser une assiette sur le concombre et la lester avec une boîte de conserve. Laisser égoutter 30 minutes, puis incorporer les autres ingrédients de la sauce.

2. Mélanger l'agneau, l'oignon, la harissa, l'ail, la menthe, les graines de cumin et le paprika. Saler et poivrer, puis mélanger de nouveau à l'aide d'une fourchette. Façonner 4 galettes de 2,5 cm d'épaisseur avec le mélange obtenu. Couvrir et laisser reposer 30 minutes à température ambiante.

3. Préparer le barbecue. Huiler légèrement les galettes ainsi que la grille du barbecue. Faire griller les galettes 5 à 6 minutes de chaque côté au-dessus de braises chaudes, jusqu'à ce qu'elles soient bien cuites.

4. Farcir les petits pains pita avec les galettes, l'oignon rouge, la laitue et une cuillerée de sauce. Servir immédiatement.

> Vous pourrez ici remplacer la sauce au yaourt par de l'aïoli (voir page 192), qui se marie très bien à l'agneau.

BURGERS AUSTRALIENS

PRÉPARATION : 20 minutes   **CUISSON :** 12 minutes

Les Australiens consomment beaucoup de betteraves au vinaigre. L'ananas grillé et les œufs sont aussi très appréciés en Australie.

POUR 4 BURGERS

450 g de viande de bœuf fraîchement hachée

1 cuil. à café de sel

½ cuil. à café de poivre

4 tranches d'ananas en boîte

2 à 3 cuil. à café d'huile végétale, pour graisser et cuire

4 œufs

mayonnaise, pour napper

4 petits pains, coupés en deux

4 à 8 tranches de betterave au vinaigre

feuilles de laitue

rondelles de tomate

sel et poivre

1. Placer la viande dans un saladier, ajouter 1 cuillerée à café de sel et ½ cuillerée à café de poivre. Mélanger délicatement, puis façonner 4 galettes avec le mélange obtenu. Huiler légèrement les tranches d'ananas.

2. Chauffer 1 cuillerée à café d'huile dans un gril en fonte rainuré à feu moyen à vif et ajouter les galettes de viande et les tranches d'ananas. Cuire l'ananas 3 minutes de chaque côté pour le marquer et l'attendrir, et faire griller les galettes 4 minutes de chaque côté, jusqu'à ce qu'elles soient dorées et cuites à son goût. Retirer l'ananas et la viande du gril et les réserver au chaud.

3. Huiler une poêle et y casser les œufs, puis saler et poivrer. Couvrir et cuire 3 minutes, jusqu'à ce que les blancs aient pris et que les jaunes soient toujours coulants.

4. Napper les petits pains de mayonnaise et ajouter les tranches d'ananas, puis les galettes de viande, les œufs, des tranches de betterave, de la laitue et des rondelles de tomates. Refermer les petits pains et servir immédiatement.

ÉTAPE 2

ÉTAPE 3

ÉTAPE 4

On peut aussi accompagner cette recette de bacon et de fromage. Il ne reste plus qu'à trouver comment déguster ces énormes burgers.

127

GALETTES DE PORC À LA MODE CAJUN

PRÉPARATION : 20 minutes, plus repos

CUISSON : 35-45 minutes

POUR 4 À 6 GALETTES

1 grosse patate douce (environ 225 g), coupée en cubes
450 g de viande de porc hachée
1 pomme, évidée, pelée et râpée
2 cuil. à café d'assaisonnement cajun
4 oignons
1 cuil. à soupe de coriandre fraîche hachée
2 cuil. à soupe d'huile de tournesol
8 à 12 tranches de bacon
sel et poivre

1. Cuire la patate douce 15 à 20 minutes à l'eau bouillante salée, jusqu'à ce qu'elle soit tendre. L'égoutter et la réduire en purée.

2. Placer la viande dans un saladier, ajouter la purée de patate douce, la pomme et l'assaisonnement cajun. Râper un des oignons et l'ajouter dans le saladier avec la coriandre, du sel et du poivre. Mélanger le tout, puis façonner 6 galettes avec le mélange obtenu. Couvrir les galettes et les mettre 1 heure au réfrigérateur.

3. Émincer les oignons restants. Chauffer 1 cuillerée à soupe d'huile dans une poêle, ajouter les oignons et les cuire 10 à 12 minutes à feu doux en remuant souvent, jusqu'à ce qu'ils soient tendres. Retirer la poêle du feu et réserver. Envelopper chaque galette de viande de tranches de bacon.

4. Préparer le barbecue. Enduire les galettes de l'huile restante et les faire griller 4 à 5 minutes de chaque côté, jusqu'à ce qu'elles soient bien cuites. Il est également possible de cuire les galettes dans un gril en fonte rainuré ou de les passer au gril. Servir immédiatement, accompagné d'oignons grillés.

L'ASSAISONNEMENT CAJUN MET EN VALEUR LA SAVEUR DU PORC. IL SE CONSERVE À L'ABRI DE LA CHALEUR ET DE LA LUMIÈRE, CAR IL PERD TRÈS VITE SON GOÛT.

BURGERS AU CRABE THAÏ

PRÉPARATION : 10 minutes, plus refroidissement

CUISSON : 10 minutes

POUR 4 BURGERS

1½ cuil. à soupe d'huile de tournesol

1 piment rouge frais, épépiné et finement haché

2,5 cm de gingembre frais, râpé

2 tiges de citronnelles, feuilles externes retirées, finement hachées

170 g de chair de crabe en boîte, égouttés et émiettée

225 g de crevettes cuites, décortiquées

250 g de riz au jasmin cuit

1 cuil. à soupe de coriandre fraîche hachée

100 g de pousses de soja

6 oignons verts, hachés

1 cuil. à soupe de sauce de soja

1 à 2 cuil. à soupe de farine complète

1. Chauffer un wok ou une poêle, ajouter 2 cuillerées à café d'huile, le piment, le gingembre et la citronnelle, et les faire revenir 1 minute à feu moyen à vif. Retirer le wok du feu et laisser refroidir.

2. Placer la préparation précédente, la chair de crabe, les crevettes, le riz, la coriandre, les pousses de soja, les oignons verts et la sauce de soja dans un robot de cuisine. Hacher finement le tout en mixant par intermittence, puis façonner 4 galettes avec le mélange obtenu. Enrober les galettes de farine, les couvrir et les mettre 1 heure au réfrigérateur.

3. Chauffer l'huile dans une poêle antiadhésive à fond épais, ajouter les galettes et les faire griller 3 à 4 minutes de chaque côté à feu moyen, jusqu'à ce qu'elles soient bien chaudes. Servir immédiatement.

ÉTAPE 1

ÉTAPE 2

ÉTAPE 2

La chair de crabe est une bonne source de protéines tout en étant pauvre en calories. Servez ces burgers avec de la sauce tartare (voir page 182).

BURGERS HAWAÏENS

PRÉPARATION : 25 minutes **CUISSON : 10 minutes**

LES SAVEURS HAWAÏENNES VIENNENT PARFUMER CES BURGERS AU PORC SERVIS AVEC DES TRANCHES D'ANANAS GRILLÉES.

POUR 4 BURGERS

- 450 g de viande de porc hachée
- 3 cuil. à soupe de sauce teriyaki, un peu plus pour napper
- 4 tranches d'ananas en boîte
- rondelles d'oignons
- huile végétale, pour graisser
- 4 petits pains, coupés en deux
- feuilles de laitue

1. Placer la viande dans un saladier, ajouter la sauce teriyaki et mélanger délicatement. Façonner 4 galettes avec le mélange obtenu.

2. Huiler légèrement les tranches d'ananas et les rondelles d'oignons. Chauffer un gril en fonte rainuré à feu vif et ajouter les galettes de viande, les oignons et l'ananas. Cuire les oignons et l'ananas 3 à 4 minutes de chaque côté pour les attendrir et les marquer. Faire griller les galettes de viande 4 minutes de chaque côté, jusqu'à ce qu'elles soient dorées et bien cuites.

3. Napper les petits pains de sauce teriyaki, ajouter les galettes de viande, l'ananas, les oignons et la laitue, et servir immédiatement.

ÉTAPE 2

ÉTAPE 1

Les Japonais qui se sont installés à Hawaï ont apporté avec eux la sauce teriyaki. En fait, la sauce barbecue hawaïenne est tout simplement de la sauce teriyaki.

133

BURGERS MEXICAINS

PRÉPARATION : 10 minutes, plus refroidissement **CUISSON :** 10-12 minutes

POUR 4 BURGERS

450 g de blancs de dinde hachés

50 g de haricots recuits en boîte

2 à 4 gousses d'ail, hachées

1 ou 2 piments jalapeño frais, épépinés et finement hachés

2 cuil. à soupe de concentré de tomates

1 cuil. à soupe de coriandre fraîche hachée

1 cuil. à soupe d'huile de tournesol

sel et poivre

pousses d'épinard ciselées

4 petits pains au fromage, coupés en deux

salsa

guacamole (*voir* page 186)

chips de tortilla, en accompagnement

1. Placer la viande dans un saladier et écraser les gros morceaux. Battre les haricots recuits jusqu'à ce qu'ils soient lisses, puis les ajouter dans le saladier.

2. Ajouter l'ail, les piments, le concentré de tomates et la coriandre, puis saler et poivrer. Mélanger le tout, puis façonner 4 galettes avec le mélange obtenu. Couvrir et mettre 1 heure au réfrigérateur.

3. Préparer le barbecue. Huiler les galettes et les faire griller au-dessus de braises moyennes 5 à 6 minutes de chaque côté, jusqu'à ce qu'elles soient bien cuites.

4. Placer les pousses d'épinards sur la partie inférieure des petits pains, ajouter les galettes de viande et les garnir de salsa et de guacamole. Couvrir avec la partie inférieure des petits pains et servir immédiatement accompagné de chips de tortilla.

> Il existe une grande variété de piments. Si vous avez des doutes sur la force que vous tolérez, commencez par les piments les piments les plus doux, les jalapeño, et augmentez la force progressivement.

135

BURGERS ARGENTINS AU CHIMICHURRI

PRÉPARATION : 25 minutes, plus refroidissement

CUISSON : 15 minutes

Hacher soi-même de la viande fraîche permet de rappeler ici la saveur authentique de la viande grillée argentine.

POUR 4 BURGERS

450 g de collier, de rond de gîte ou de plat de côte, ou un mélange, comprenant au moins 20 % de matière grasse

40 g d'oignon haché

2 cuil. à soupe de jus de citron

2 cuil. à soupe de persil frais finement haché

2 cuil. à soupe de menthe fraîche hachée

1 gousse d'ail, hachée

1 cuil. à café de poivre rouge haché (facultatif)

60 ml d'huile d'olive

4 petits pains croustillants, coupés en deux

tranches d'avocat

sel et poivre

1. Préparer le barbecue. Détailler la viande en cubes de 2,5 cm, puis la mettre sur une assiette, la couvrir de film alimentaire et la mettre au moins 30 minutes au réfrigérateur.

2. Pendant ce temps, mettre l'oignon, le jus de citron, le persil, la menthe, l'ail et le poivre rouge dans un bol, puis saler et poivrer. Mélanger, incorporer l'huile et réserver.

3. Placer la moitié de la viande dans un robot de cuisine et actionner le robot une quinzaine de fois (ne pas mixer en continu). Ajouter la moitié du sel et du poivre, et actionner de nouveau le robot 10 à 15 fois, jusqu'à ce que la viande soit hachée sans être trop mixée. Retirer la viande du robot et répéter l'opération avec la viande restante.

4. Façonner 4 galettes avec la totalité de la viande hachée.

5. Faire griller les galettes au barbecue 3 minutes de chaque côté pour une viande saignante ou 4 minutes de chaque côté pour une viande à point.

6. Disposer les galettes de viande sur les petits pains, ajouter les tranches d'avocat et napper de sauce. Servir immédiatement.

ÉTAPE 2

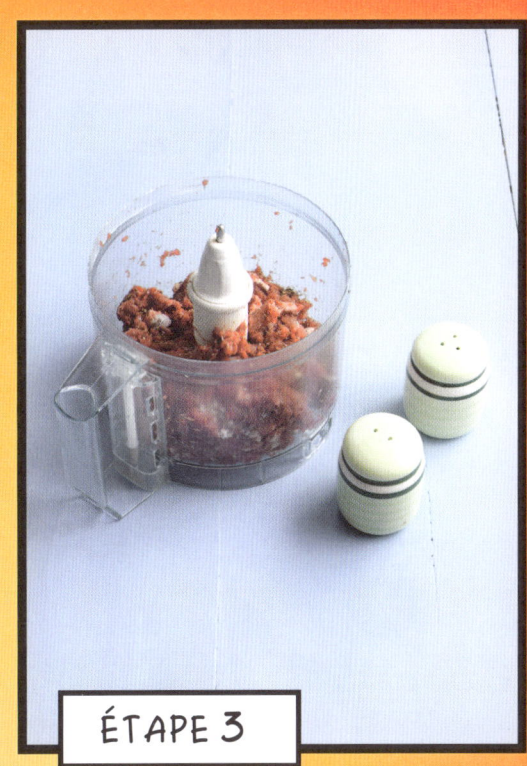

ÉTAPE 3

ÉTAPE 6

Le chimichurri est traditionnellement servi avec la viande pour rehausser le goût des grillades. Il est aussi délicieux avec de la volaille et du poisson.

137

BURGERS FAÇON BENTO

PRÉPARATION : 15 minutes, plus repos **CUISSON : 15 minutes**

CES EN-CAS VÉGÉTARIENS INSPIRÉS DE LA CUISINE JAPONAISE SONT À BASE DE RIZ PRESSÉ, CROUSTILLANT À L'EXTÉRIEUR, ET D'ÉPINARDS SAVOUREUX.

POUR 5 BURGERS

- 8 champignons shiitakés, pieds ôtés
- 75 g d'épinards hachés
- 2 cuil. à soupe de sauce de soja
- 2 cuil. à soupe de mirin
- 2 cuil. à café de graines de sésame, grillées
- 1 cuil. à café de sel
- 240 ml d'eau tiède
- 450 g de riz rond, rincé, cuit et réservé au chaud
- 2 cuil. à café d'huile de sésame, pour la cuisson

1. Préchauffer le gril à température maximale. Déposer les champignons sur une plaque et les passer au gril 3 minutes de chaque côté, jusqu'à ce qu'ils soient dorés et tendres. Les émincer finement et les mettre dans un bol.

2. Porter une grande casserole d'eau à ébullition, ajouter les épinards et les blanchir 1 minute. Les égoutter, les rafraîchir à l'eau courante et les égoutter à nouveau en pressant bien. Mélanger les champignons, les épinards, la sauce de soja, le mirin et les graines de sésame.

3. Dissoudre le sel dans l'eau tiède. Placer le riz dans un saladier et le diviser en 10 portions. Les mains mouillées, presser chaque portion en ovale, à la façon d'un petit pain. Laisser prendre 20 minutes.

4. Chauffer une poêle antiadhésive ou un gril en fonte rainuré, enduire le fond d'huile et ajouter les petits pains de riz. Les cuire 4 minutes de chaque côté (les retourner délicatement), jusqu'à ce qu'ils soient dorés.

5. Répartir le mélange à base d'épinards sur la moitié des petits pains de riz, puis couvrir avec les petits pains restants. Envelopper ces burgers dans du film alimentaire de sorte qu'ils gardent leur forme et les servir dans les 2 heures qui suivent.

ÉTAPE 3

ÉTAPE 1

Rincer le riz permet à ce dernier de mieux coller. Il est essentiel d'utiliser du riz rond.

BURGERS KIMCHIS

PRÉPARATION : 20 minutes   **CUISSON : 20 minutes**

Ces burgers d'inspiration coréenne à base de kimchi (du chou fermenté épicé) sont agrémentés d'oignons verts et de gingembre.

POUR 6 BURGERS

- 450 g de viande de bœuf fraîchement hachée
- 225 g de viande de porc hachée
- 1 cuil. à soupe de gingembre frais haché
- 1 cuil. à café de sauce de soja
- 10 oignons verts
- 1 cuil. à café d'huile végétale
- 6 petits pains aux graines de sésame, coupés en deux
- 150 g de kimchi

1. Préparer le barbecue. Placer le bœuf, le porc, le gingembre et la sauce de soja dans un saladier et mélanger. Hacher finement 2 oignons verts et les incorporer dans le saladier. Façonner 6 galettes avec le mélange obtenu. Couvrir et mettre au réfrigérateur.

2. Pendant ce temps, couper les oignons verts en tronçons de 4 cm et les badigeonner d'huile. Les cuire 5 minutes au barbecue en les retournant souvent, jusqu'à ce qu'ils soient tendres et dorés. Réserver.

3. Faire griller les galettes de viande au barbecue 4 minutes de chaque côté, jusqu'à ce qu'elles soient marquées et bien cuites.

4. Disposer les galettes dans les petits pains et ajouter les oignons verts et le kimchi. Servir immédiatement.

KA-POW !

Vous trouverez du kimchi dans les boutiques asiatiques, mais vous pouvez aussi le préparer. Il en existe de nombreuses variantes, choisissez celle qui vous convient le mieux.

CHEESEBURGERS AU PIMENT VERT

PRÉPARATION : 25 minutes   **CUISSON :** 20 minutes

Cette recette ne se contente pas d'ajouter quelques piments grillés et du fromage à de la viande, elle est vraiment typique du Mexique.

POUR 6 BURGERS

- 3 gros piments verts doux frais
- 680 g de viande de bœuf hachée
- 1 cuil. à café de sel
- 100 g de fromage râpé, plus 6 tranches
- 6 petits pains, coupés en deux

1. Chauffer un gril en fonte rainuré, ajouter les piments et les faire griller jusqu'à ce qu'ils aient uniformément noirci. Les envelopper de papier d'aluminium et les laisser reposer 15 minutes, puis les peler et les hacher finement.

2. Placer la viande, le sel, les piments et le fromage râpé dans un saladier et mélanger délicatement.

3. Façonner 6 galettes avec le mélange obtenu et les cuire 4 minutes dans le gril en fonte. Les retourner, les garnir des tranches de fromage et les faire griller encore 4 minutes, jusqu'à ce qu'elles soient cuites à son goût et que le fromage ait fondu. Disposer la viande dans les petits pains et servir immédiatement.

ÉTAPE 1

ÉTAPE 2

ÉTAPE 3

Cette recette préconise l'emploi de gros piments verts, mais vous pouvez bien sûr utiliser les piments de votre choix.

BURGERS À L'AGNEAU EN PAIN PITA

PRÉPARATION : 25 minutes **CUISSON : 15 minutes**

Ces burgers au pain pita sont peut-être plus petits que la moyenne, mais leur garniture à l'agneau est incomparablement savoureuse.

POUR 6 BURGERS

- 450 g de viande d'agneau fraîchement hachée
- 3 cuil. à soupe d'oignon rouge finement haché
- 1 cuil. à soupe de coriandre fraîche hachée, un peu plus pour la garniture
- 1 cuil. à café de sel
- ½ cuil. à café de poivre
- ½ cuil. à café de cumin en poudre
- 80 g de tahini
- 80 g de yaourt nature
- 1 gousse d'ail, hachée
- 3 gros pains pita, réchauffés et coupés en deux
- rondelles de tomate
- rondelles de concombre
- huile d'olive, pour arroser
- sel et poivre

1. Préchauffer le gril à température maximale et chemiser une plaque de papier d'aluminium. Placer la viande dans un saladier, ajouter l'oignon, la coriandre, 1 cuillerée à café de sel, ½ cuillerée à café de poivre et le cumin, puis mélanger délicatement. Façonner 6 galettes de 7,5 cm avec le mélange obtenu et les mettre sur la plaque chemisée.

2. Passer les galettes au gril préchauffé 5 à 7 minutes de chaque côté, jusqu'à ce qu'elles soient cuites et dorées.

3. Placer le tahini, le yaourt et l'ail dans un bol, saler et poivrer, puis mélanger. Farcir les pains pita avec les galettes de viande, arroser de sauce au tahini et ajouter les rondelles de tomate et de concombre. Garnir de coriandre, arroser d'huile d'olive et servir immédiatement.

On devrait toujours avoir du tahini, ou pâte de graines de sésame, dans son placard. La version la plus foncée est préférable car les graines de sésame n'y ont pas été débarrassées de leur enveloppe, mais elle est aussi plus forte en goût.

Burgers au raïta

Préparation : 30 minutes   **Cuisson :** 15 minutes

En Inde, le raïta sert à rafraîchir les papilles après un plat épicé. Il fait merveille dans ces burgers.

Pour 6 burgers

- 2 cuil. à soupe d'huile végétale
- 1 oignon, haché
- 450 g de viande de bœuf fraîchement hachée
- 5 cm de gingembre frais haché
- 2 gousses d'ail, hachées
- 1 cuil. à café de coriandre en poudre
- 1 cuil. à café de cumin en poudre
- 1 cuil. à café de sel
- ½ cuil. à café de curcuma
- ½ cuil. à café de piment de Cayenne
- ½ cuil. à café de noix muscade
- 6 pains plats fins

Raïta

- 1 gousse d'ail, hachée
- ½ cuil. à café de garam masala
- ½ cuil. à café de sel
- 3 cuil. à café de jus de citron
- 250 g de yaourt à la grecque
- 1 petit concombre
- ½ cuil. à café de sel

1. Chauffer 1 cuillerée à soupe d'huile dans une grande poêle à feu vif, ajouter l'oignon et le cuire 10 minutes en remuant souvent, jusqu'à ce qu'il commence à brunir. Les retirer de la poêle et le réserver, en laissant l'huile de cuisson dans la poêle.

2. Pendant ce temps, pour le raïta, mélanger l'ail, le garam masala, le sel, 1 cuillerée à soupe de jus de citron et le yaourt. Laisser reposer de sorte que les saveurs se développent. Couper le concombre en deux dans la longueur, l'épépiner et le hacher finement, puis lui ajouter le sel et le jus de citron restant. Réserver.

3. Placer la viande dans un saladier, ajouter l'oignon, l'ail, le gingembre, la coriandre, le cumin, le sel, le curcuma, le piment de Cayenne et la noix muscade, et mélanger le tout. Façonner 6 galettes ovales avec le mélange obtenu.

4. Chauffer de nouveau la poêle à feu vif, ajouter l'huile restante et y faire griller les galettes 5 minutes de chaque côté, jusqu'à ce qu'elles soient cuites à son goût.

5. Déposer les galettes de viande sur les morceaux de pain plat et les garnir de raïta. Enrouler le pain et servir immédiatement, accompagné du raïta restant.

ÉTAPE 5

ÉTAPE 1

IL EXISTE DE NOMBREUSES VARIANTES DU RAÏTA — DEPUIS LE CLASSIQUE CONCOMBRE, JUSQU'À À LA MENTHE ET À L'AUBERGINE. LES COMBINAISONS SONT INFINIES.

147

BURGERS ÉPICÉS AUX LENTILLES

PRÉPARATION : 30 minutes **CUISSON : 45 minutes**

Ces burgers sont à base de lentilles mijotées dans des épices indiennes et liées par des pommes de terre écrasées.

POUR 6 BURGERS

- 100 g de lentilles vertes
- 1 carotte, pelée et coupée en dés
- 2 cuil. à soupe d'huile végétale, un peu plus pour la cuisson
- 1 cuil. à soupe de graines de moutarde brunes
- 1 cuil. à café de coriandre en poudre
- 1 cuil. à café de cumin en poudre
- ½ oignon, haché
- 1 cuil. à café d'ail haché
- 1 piment Serrano frais, finement haché, ou ½ cuil. à café de piment de Cayenne
- 50 g de petits pois surgelés, décongelés
- 1 pomme de terre, cuite, pelée et écrasée
- 200 g de chapelure fraîche
- 6 petits pains complets, coupés en deux
- chutney de mangue ou de coriandre
- feuilles de laitue
- sel et poivre

1. Porter une grande casserole d'eau salée à ébullition, ajouter les lentilles et ramener à ébullition. Réduire le feu et laisser mijoter 15 minutes. Ajouter la carotte et cuire encore 10 minutes, jusqu'à ce que les lentilles soient tendres. Égoutter.

2. Chauffer l'huile dans une sauteuse, ajouter les graines de moutarde, la coriandre et le cumin, et bien remuer. Ajouter l'oignon, l'ail et le piment, et cuire 5 à 8 minutes en remuant souvent, jusqu'à ce que l'oignon soit tendre. Incorporer les lentilles et la carotte, et laisser mijoter 5 minutes, jusqu'à ce que le jus de cuisson se soit évaporé. Ajouter les petits pois et la pomme de terre, saler et poivrer. Bien mélanger le tout.

3. Placer la chapelure dans une assiette creuse. Diviser le mélange à base de lentille en 6 portions, les façonner en galettes et les passer dans la chapelure de sorte qu'elles en soient uniformément recouvertes.

4. Chauffer un gril en fonte ou une grande poêle à feu moyen et en couvrir le fond d'huile. Ajouter les galettes et les cuire 5 minutes de chaque côté, jusqu'à ce qu'elles soient dorées.

5. Disposer les galettes dans les petits pains, garnir de chutney de mangue ou de coriandre, et ajouter des feuilles de laitue. Servir immédiatement.

Les lentilles, qui contiennent 26 % de protéines, sont un aliment incontournable, qui renforce les ongles, la peau et les cheveux.

BURGERS AUX CREVETTES ET CHOW CHOW

PRÉPARATION : 20 minutes, plus refroidissement   **CUISSON :** 10 minutes

CETTE RECETTE NE POURRAIT ÊTRE PLUS SIMPLE – ET PLUS SAVOUREUSE. FAIRE MIJOTER LES CREVETTES PERMET D'OBTENIR UNE GARNITURE TRÈS MOELLEUSE.

POUR 4 BURGERS

450 g de crevettes, décortiquées et déveinées
1 botte de ciboulette ou 2 oignons verts
1 cuil. à café d'huile végétale
4 petits pains briochés, coupés en deux
175 g de chow chow (*voir* page 190)

1. Hacher grossièrement les crevettes, puis en mettre la moitié dans un robot de cuisine et les mixer jusqu'à obtention d'une consistance pâteuse. Mélanger les crevettes mixées et hachées. Ciseler la ciboulette et l'incorporer au mélange précédent.

2. Les mains mouillées, façonner 4 galettes avec le mélange obtenu. Déposer les galettes sur une assiette, couvrir et mettre 30 minutes à une nuit au réfrigérateur.

3. Chauffer l'huile dans une grande poêle antiadhésive à feu moyen, ajouter les galettes et les faire griller 6 minutes en couvrant partiellement la poêle, jusqu'à ce qu'elles soient presque cuites. Les retourner délicatement et les faire griller encore 1 minute, jusqu'à ce qu'elles soient roses et bien cuites.

4. Disposer les galettes dans les petits pains et les garnir de chow chow. Servir immédiatement.

ÉTAPE 1

ÉTAPE 1

Ces burgers savoureux constituent une manière originale de varier les plaisirs.

151

BURGERS AU PORC BANH MI

PRÉPARATION : 30 minutes, plus refroidissement
CUISSON : 10 minutes

ASSAISONNÉS DE POUDRE DE CINQ-ÉPICES CHINOISE, CES BURGERS SONT GARNIS DE LÉGUMES AU VINAIGRE INSPIRÉS DE LA CUISINE VIETNAMIENNE.

POUR 4 BURGERS

- 450 g de viande de porc hachée
- 1 gousse d'ail, hachée
- 1 cuil. à soupe de nuoc-mâm thaï
- 1 cuil. à café de poudre de cinq-épices
- ½ cuil. à café de sucre
- ¼ cuil. à café de poivre
- 60 g de mayonnaise
- 4 petits pains croustillants, coupés en deux
- bâtonnets de concombre
- 1 poignée de brins de coriandre fraîche
- 1 piment jalapeño frais, finement émincé
- sauce de soja ou sauce au piment

LÉGUMES AU VINAIGRE

- 3 carottes, coupées en julienne
- ½ daïkon, coupé en julienne
- 1 cuil. à café de sel
- 1 cuil. à café de sucre
- 180 ml de vinaigre blanc
- 180 ml d'eau

1. Pour les légumes au vinaigre, mettre les carottes et le daïkon dans un bol, saler et sucrer. Ajouter le vinaigre et l'eau, puis laisser mariner 30 minutes à une nuit au réfrigérateur.

2. Placer la viande, l'ail, le nuoc-mâm, la poudre de cinq-épices, le sucre et le poivre dans un saladier et mélanger le tout. Façonner 4 galettes ovales de la taille des petits pains avec le mélange obtenu.

3. Chauffer un gril en fonte rainuré à feu moyen à vif, ajouter les galettes et les faire griller 5 minutes de chaque côté, jusqu'à ce qu'elles soient dorées et bien cuites.

4. Napper les petits pains de mayonnaise et les garnir de galettes de viande, de concombre, de brins de coriandre et de quelques rondelles de piment. Arroser de sauce de soja et servir immédiatement.

ÉTAPE 4

ÉTAPE 1

Impressionnez vos invités avec ces burgers succulents. Les couleurs de la garniture mettent l'eau à la bouche !

153

BURGERS AU POULET ET À LA CACAHUÈTE

PRÉPARATION : 30 minutes   **CUISSON :** 10 minutes

POUR 4 BURGERS

1 cuil. à soupe de sucre roux

1 cuil. à soupe de sauce de soja

1 cuil. à soupe de nuoc-mâm thaï

1 cuil. à soupe de citronnelle hachée

2 cuil. à café de poudre de curry

1 gousse d'ail, hachée

½ piment Serrano, haché, ou ½ cuil. à café de piment de Cayenne

450 g de poulet haché

huile d'arachide, pour graisser

4 petits pains croustillants, coupés en deux

oignons au vinaigre, émincés

SAUCE

80 g de beurre de cacahuètes

80 ml de lait de coco

2 cuil. à soupe d'eau chaude, un peu plus si nécessaire

1 cuil. à soupe de nuoc-mâm thaï

1 cuil. à soupe de sucre roux

1 cuil. à soupe de sauce de soja

2 cuil. à café de jus de citron vert

1 cuil. à café d'ail haché

¼ de piment Serrano frais, haché

¼ de cuil. à café de piment de Cayenne

---

1. Placer le sucre, la sauce de soja, le nuoc-mâm, la citronnelle, la poudre de curry, l'ail et le piment dans un saladier et mélanger. Incorporer le poulet et, les mains mouillées, façonner 4 galettes ovales de 1,3 cm d'épaisseur avec le mélange obtenu.

2. Pour la sauce, mettre tous les ingrédients dans un robot de cuisine et mixer jusqu'à obtention d'une consistance homogène. Ajouter de l'eau si la sauce obtenue est trop épaisse.

3. Huiler légèrement un gril en fonte rainuré et le chauffer à feu moyen à vif. Ajouter les galettes et les faire griller 5 minutes de chaque côté, jusqu'à ce qu'elles soient dorées et bien cuites.

4. Napper les petits pains de beurre de cacahuètes, ajouter les galettes de poulet, des oignons au vinaigre et de la laitue, et servir immédiatement.

ÉTAPE 1

ÉTAPE 2

ÉTAPE 3

Le poulet est ici agrémenté d'ingrédients asiatiques, qui le rendent délicieusement moelleux. Une petite touche gourmande est ajoutée avec le beurre de cacahuètes.

155

BURGERS CALIFORNIENS

PRÉPARATION : 15 minutes, plus refroidissement **CUISSON :** 10 minutes

CETTE RECETTE EST TOUT INDIQUÉE SI VOUS MOUREZ D'ENVIE DE DÉGUSTER UN BURGER, MAIS QUE VOUS VOULEZ AUSSI SURVEILLER VOTRE LIGNE.

POUR 4 BURGERS

- 450 g de dinde hachée
- 1 cuil. à café de sel
- 1 avocat
- 1 cuil. à soupe de jus de citron
- 2 cuil. à café d'huile d'olive
- 4 petits pains complets, coupés en deux
- rondelles de tomate
- 100 g de pousses de soja

1. Préparer le barbecue. Placer la viande dans un saladier et saler. Briser les morceaux et bien mélanger.

2. Façonner 4 galettes avec le mélange obtenu et les mettre 15 minutes au réfrigérateur.

3. Pendant ce temps, dénoyauter l'avocat, le peler et le couper en lamelles. Arroser de jus de citron, mélanger et réserver.

4. Huiler les galettes et les faire griller 4 minutes au barbecue, jusqu'à ce qu'elles commencent à dorer et à se détacher facilement de la grille. Les retourner et les cuire encore 4 minutes, jusqu'à ce qu'elles soient bien cuites.

5. Disposer les galettes dans les petits pains, ajouter les lamelles d'avocat, les rondelles de tomate et les pousses de soja, et servir immédiatement.

Les pousses de soja sont pauvres en calories, mais riches en nutriments essentiels, dont la vitamine C, en protéines, en calcium et en vitamine B9.

BURGERS À L'AGNEAU ET À LA FETA

PRÉPARATION : 10 minutes, plus refroidissement

CUISSON : 10 minutes

CES BURGERS SONT DÉLICIEUX – LA COMBINAISON DE FETA, DE PRUNEAUX, DE PIGNONS ET DE ROMARIN PEUT PARAÎTRE ÉTRANGE, MAIS ELLE EST SUCCULENTE.

POUR 4 À 6 BURGERS

- 450 g de viande d'agneau hachée
- 125 g de feta, émiettée
- 2 gousses d'ail, hachées
- 6 oignons verts, hachés
- 85 g de pruneaux dénoyautés
- 3 cuil. à soupe de pignons, grillés
- 100 g de chapelure fraîche
- 1 cuil. à soupe de romarin frais haché
- 1 cuil. à soupe d'huile de tournesol
- sel et poivre
- 4 à 6 petits pains, coupés en deux (*voir* page 200)

1. Placer la viande dans un grand saladier, ajouter la feta, l'ail, les oignons verts, les pruneaux, les pignons et la chapelure, et bien mélanger le tout.

2. Ajouter le romarin, puis saler et poivrer. Façonner 6 galettes avec le mélange obtenu, les couvrir et les mettre 30 minutes au réfrigérateur.

3. Préparer le barbecue. Huiler les galettes et les faire griller 4 minutes au-dessus de braises chaudes, puis les huiler de nouveau et les faire griller encore 4 minutes, jusqu'à ce qu'elles soient bien cuites. Disposer les galettes dans les petits pains et servir immédiatement.

ÉTAPE 1

ÉTAPE 2

Pourquoi ne pas préparer vous-même les petits pains ? Rien ne vaut l'odeur du pain chaud qui embaume la cuisine !

LOCO MOCO

PRÉPARATION : 20 minutes   **CUISSON :** 35 minutes

Cette recette hawaïenne composée de riz, de bœuf haché, d'œuf au plat et de jus savoureux, est souvent dégustée après une matinée de surf.

POUR 4 PERSONNES

- 300 g de riz
- 1 cuil. à soupe de beurre, un peu plus pour la cuisson
- 1 cuil. à soupe de farine
- 480 ml de bouillon de bœuf
- 450 g de viande de bœuf fraîchement hachée
- 4 œufs
- sel et poivre

1. Cuire le riz en suivant les instructions figurant sur le paquet et le réserver au chaud.

2. Faire fondre le beurre dans une poêle à feu moyen à doux, incorporer la farine et cuire 4 minutes sans cesser de remuer, jusqu'à obtention d'un roux. Ajouter le bouillon, porter à frémissement et laisser mijoter 20 minutes, jusqu'à épaississement. Saler et poivrer, puis réserver au chaud.

3. Pendant ce temps, mettre le bœuf dans un saladier, puis saler et poivrer. Mélanger délicatement et façonner 4 galettes avec le mélange obtenu.

4. Faire fondre du beurre dans un gril en fonte rainuré à feu moyen à vif, ajouter les galettes et les faire griller 4 minutes de chaque côté, jusqu'à ce qu'elles soient cuites à son goût. Les retirer du gril et les réserver au chaud. Casser les œufs dans la poêle, puis saler et poivrer. Les cuire 3 à 4 minutes, jusqu'à ce que les blancs aient pris et que les jaunes commencent aussi à prendre sur les bords.

5. Répartir le riz dans 4 assiettes, ajouter les galettes de viande et les œufs, et arroser de sauce. Servir immédiatement.

ÉTAPE 1

ÉTAPE 2

ÉTAPE 4

Envie d'originalité ? Essayez ces burgers, qui associent des ingrédients pouvant se déguster à toute heure de la journée – petit-déjeuner, déjeuner ou dîner.

Burgers à la sauce pimentée et aillée

Préparation : 20 minutes   **Cuisson :** 20 minutes

Le mélange de viande de bœuf et de viande de porc confère à ces burgers une saveur toute particulière.

Pour 4 burgers

- 1 botte de coriandre fraîche
- 1 gousse d'ail
- 225 g de viande de bœuf hachée
- 225 g de viande de porc hachée
- 2 cuil. à soupe de sauce au piment
- 2 cuil. à café de gingembre râpé
- 2 cuil. à café de sauce de soja
- 2 petit bok choy
- 2 cuil. à café d'huile végétale
- 4 petits pains, coupés en deux

1. Hacher finement la moitié de la coriandre et l'ail.

2. Placer le bœuf, le porc, la sauce au piment, le gingembre, la sauce de soja, l'ail et la coriandre hachée dans un grand saladier et mélanger. Façonner 4 galettes de 1,5 à 2 cm d'épaisseur avec le mélange obtenu, les couvrir et les mettre au réfrigérateur.

3. Hacher grossièrement le bok choy et jeter les tiges coriaces. Chauffer une grande poêle à feu vif, ajouter l'huile et le bok choy, et cuire en remuant souvent jusqu'à ce que les feuilles aient flétri. Retirer le bok choy de la poêle et le réserver.

4. Placer les galettes dans la poêle et les faire griller 4 minutes de chaque côté, jusqu'à ce qu'elles soient bien cuites et uniformément dorées.

5. Disposer les galettes dans les petits pains, ajouter le bok choy et la coriandre restante, et servir immédiatement.

Voici des burgers idéals pour les amateurs de piments. Réduisez simplement la quantité de sauce pour obtenir un plat plus doux.

BURGERS DE DINDE PONZU MAYO

PRÉPARATION : 20 minutes   **CUISSON : 10 minutes**

Yuzu (un agrume japonais), flocons de bonite, algues, mirin et sauce de soja composent le ponzu, qui donne à ces burgers une saveur originale.

POUR 4 BURGERS

- 450 g de dinde hachée
- 2 cuil. à soupe de graines de sésame
- 4 cuil. à café de sauce de soja, un peu plus pour servir
- 1 cuil. à café d'huile de sésame
- 1 cuil. à café d'ail haché
- 60 g de mayonnaise
- 2 cuil. à soupe de ponzu
- 4 petits pains aux graines de sésame, coupés en deux
- mesclun
- rondelles de tomate
- poivre

1. Placer la dinde dans un saladier avec les graines de sésame, la sauce de soja, l'huile et l'ail, puis saler et poivrer. Mélanger délicatement le tout. Façonner 4 galettes avec le mélange obtenu et les mettre sur une grande plaque de four.

2. Préchauffer le gril à température maximale et y mettre une grille. Déposer les galettes sur la grille et les faire griller 5 minutes de chaque côté, jusqu'à ce qu'elles soient cuites à son goût.

3. Mélanger la mayonnaise et le ponzy dans un petit bol (le mélange doit être fluide). Enduire les galettes du mélange et les mettre dans les petits pains. Ajouter le mesclun et les rondelles de tomate, poivrer et arroser de sauce de soja. Servir immédiatement.

ÉTAPE 1

ÉTAPE 3

Vous trouverez de la sauce ponzu dans les boutiques asiatiques et sur internet.

165

BURGERS TERIYAKI

PRÉPARATION : 10 minutes   **CUISSON :** 10-15 minutes

POUR 4 BURGERS

- 450 g de viande de bœuf hachée
- 8 oignons verts
- 2 à 4 gousses d'ail
- 2,5 cm de gingembre frais râpé
- ½ cuil. à café de wasabi ou de raifort frais râpé, ou à volonté
- 4 cuil. à café de sauce teriyaki
- 2 cuil. à café d'huile d'arachide
- 2 carottes, râpées
- 75 g de bok choy, ciselé
- 75 g de concombre, haché
- 4 petits pains, coupés en deux
- algues grillées, en garniture (facultatif)

1. Placer la viande, les oignons verts, l'ail, le gingembre, le wasabi et 3 cuillerées à café de sauce teriyaki dans un robot de cuisine et mixer par intermittence. Façonner 4 galettes avec le mélange obtenu, les couvrir et les mettre 30 minutes au réfrigérateur.

2. Chauffer une poêle à fond épais, ajouter 1 cuillerée à café d'huile et y faire griller les galettes 3 à 5 minutes de chaque côté à feu moyen, jusqu'à ce qu'elles soient cuites à son goût. Réserver au chaud.

3. Déposer un peu de légumes sur la partie inférieure des petits pains, ajouter les galettes de viande et les algues, et couvrir le tout avec la partie supérieure des petits pains. Servir immédiatement.

> Mélange de sauce de soja, de vin, de vinaigre, d'épices et de sucre, la sauce teriyaki est utilisée comme marinade pour attendrir le bœuf et lui donner une saveur asiatique.

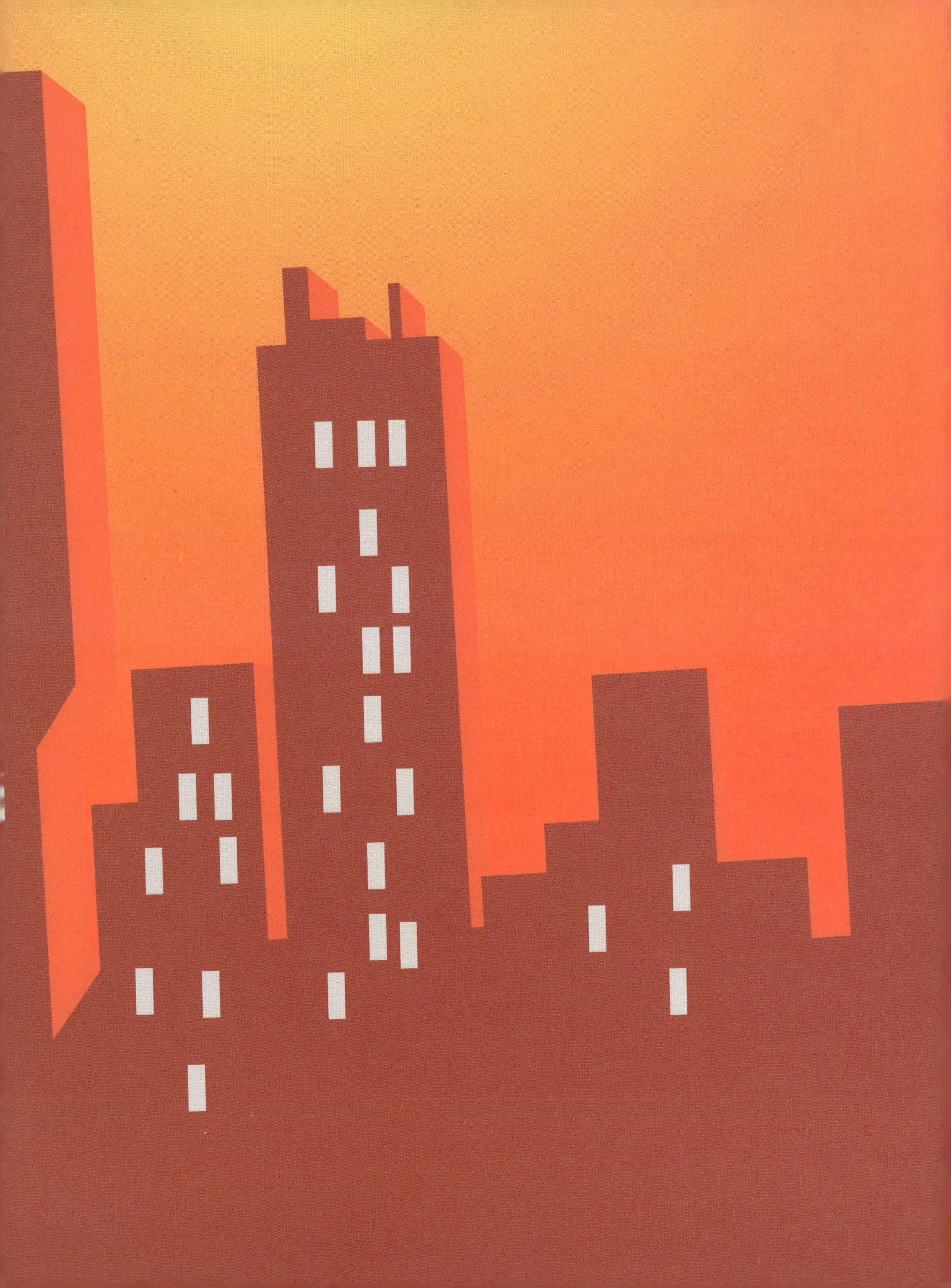

CHAPITRE 4
LES ACCOMPAGNEMENTS

KETCHUP MAISON

PRÉPARATION : 10 minutes   **CUISSON : 15-20 minutes**

Le ketchup est un ingrédient de base très apprécié, pourquoi ne pas le préparer soi-même ? Cette recette est très simple et tout simplement délicieuse.

POUR 250 ML

- 2 cuil. à soupe d'huile d'olive
- 1 oignon rouge, pelé et haché
- 2 gousses d'ail, hachées
- 4 tomates, hachées
- 225 g de tomates concassées en boîte
- ½ cuil. à café de gingembre en poudre
- ½ cuil. à café de poudre de piment
- 3 cuil. à soupe de sucre roux
- 120 ml de vinaigre de vin rouge
- sel et poivre

1. Chauffer l'huile dans une grande casserole et ajouter l'oignon, l'ail et les tomates fraîches et en boîte. Incorporer le gingembre et le piment, puis saler et poivrer. Cuire 15 minutes, jusqu'à ce que la préparation soit tendre.

2. Verser la préparation dans un robot de cuisine et mixer le tout. Filtrer la sauce pour retirer les pépins, puis la reverser dans la casserole. Ajouter le sucre et le vinaigre, et porter à ébullition. Poursuivre la cuisson jusqu'à obtention de la consistance du ketchup.

3. Laisser refroidir, puis verser dans un bocal stérilisé (*voir* page 199), et conserver jusqu'à 1 mois au réfrigérateur.

ÉTAPE 2

ÉTAPE 1

Pour conserver des condiments, veillez à bien utiliser des bocaux stérilisés. Procéder soigneusement à la stérilisation des bocaux et de leur couvercle.

SAUCE BARBECUE

PRÉPARATION : 15 minutes   **CUISSON :** 20 minutes

POUR 250 ML
1 cuil. à soupe d'huile d'olive

1 petit oignon, finement haché

2 à 3 gousses d'ail, hachées

1 piment rouge jalapeño frais, épépiné et finement haché (facultatif)

2 cuil. à café de concentré de tomates

1 cuil. à café de moutarde en poudre, ou à volonté

1 cuil. à soupe de vinaigre de vin rouge

1 cuil. à soupe de sauce Worcestershire

2 à 3 cuil. à café de sucre roux

300 ml d'eau

1. Chauffer l'huile dans une petite casserole à fond épais, ajouter l'oignon, l'ail et le piment, et les faire revenir 3 minutes en remuant souvent, jusqu'à ce qu'ils commencent à s'attendrir. Retirer la casserole de feu.

2. Mélanger le concentré de tomates, la moutarde en poudre, le vinaigre et la sauce Worcestershire, puis incorporer ce mélange dans la casserole avec 2 cuillerées à café de sucre. Bien mélange et ajouter l'eau progressivement.

3. Remettre la casserole sur le feu et porter à ébullition en remuant souvent. Réduire le feu et laisser mijoter 15 minutes en remuant de temps en temps. Rectifier l'assaisonnement et ajouter du sucre à son goût. Filtrer éventuellement la sauce, puis la servir chaude ou froide. Elle se conservera 2 semaines au réfrigérateur dans un bocal stérilisé (*voir* page 199).

La sauce barbecue entre très
souvent dans la préparation
des Burgers et transforme
un simple sandwich
un véritable mets de choix.

MOUTARDE MAISON

PRÉPARATION : 15 minutes, plus macération

CUISSON : aucune

CETTE MOUTARDE MAISON GAGNERA EN DOUCEUR ET EN SUBTILITÉ APRÈS DEUX JOURS AU RÉFRIGÉRATEUR.

POUR 180 ML
3 cuil. à soupe de graines de moutarde brune
3 cuil. à soupe de vinaigre de cidre
1 à 2 cuil. à soupe d'eau
3 cuil. à soupe de moutarde en poudre
2 cuil. à café de sel
2 cuil. à café de miel

1. Placer les graines de moutarde dans un bol non métallique avec le cidre et assez d'eau pour que les graines soient totalement immergées. Couvrir et laisser reposer 2 jours à température ambiante.

2. Égoutter les graines en réservant le liquide de trempage. Moudre les graines dans un moulin à épices de sorte que la plupart soient écrasées mais que certaines restent entières. Plus un nombre élevé de graines sera moulu, plus la moutarde sera forte.

3. Transférer la préparation dans un petit bol, ajouter la moutarde en poudre, le sel et le miel, et incorporer le liquide de trempage réservé.

4. Placer la moutarde dans un bocal stérilisé (*voir* page 199) et laisser reposer au moins 2 jours au réfrigérateur avant usage. Consommer dans les 2 semaines.

ÉTAPE 1

ÉTAPE 2

ÉTAPE 3

La moutarde stimule le corps, et aide à la distribution des nutriments essentiels et de l'oxygène dans l'organisme.

COLESLAW

PRÉPARATION : 10 minutes, plus refroidissement   **CUISSON :** aucune

Le coleslaw est un grand classique de l'été. Il est idéal en salade, comme garniture d'un burger ou à déguster tel quel.

POUR 10 À 12 PERSONNES
- 160 g de mayonnaise
- 160 g de yaourt nature
- 1 trait de tabasco
- 1 chou vert
- 4 carottes
- 1 poivron vert
- sel et poivre

1. Pour la sauce, mettre la mayonnaise, le yaourt et le tabasco dans un petit bol, puis saler et poivrer. Mélanger et réserver au réfrigérateur.

2. Couper le chou en deux, puis en quartiers. Jeter le cœur coriace et ciseler finement les feuilles. Laver à l'eau courante et sécher sur du papier absorbant. Peler les carottes et les râper dans un robot de cuisine ou à l'aide d'une mandoline. Couper le poivron en quartiers, puis détailler la chair en fines lanières.

3. Mélanger les légumes dans un grand saladier, ajouter la sauce et bien mélanger. Couvrir et réserver au réfrigérateur. Consommer dans les 2 jours.

On peut ajouter de nombreux ingrédients à cette recette. Essayez les noisettes, les graines, la pomme, les raisins secs, les câpres et même le fromage.

LÉGUMES AU VINAIGRE

PRÉPARATION : 15 minutes, plus refroidissement **CUISSON :** 20 minutes

CETTE RECETTE, PROCHE DE CELLE DES PICKLES ANGLO-SAXONS, DONNERA UN BON COUP DE FOUET À VOS BURGERS.

POUR 1 L

4 concombres
360 ml de vinaigre de cidre
1 cuil. à café de graines de moutarde
1 cuil. à café de graines de coriandre
60 g de sucre
2 cuil. à café de sel
1 poivron vert
1 petit oignon blanc

1. Ébouter les concombres, puis les couper en deux dans la longueur, les épépiner et les hacher finement.

2. Porter le vinaigre à ébullition dans une grande casserole, ajouter les concombres et les cuire 4 minutes en remuant souvent, jusqu'à ce qu'ils commencent à perdre leur couleur et deviennent *al dente*.

3. Retirer les concombres du vinaigre à l'aide d'une écumoire et les réserver. Ajouter les graines de moutarde et de coriandre au vinaigre et porter de nouveau à ébullition. Incorporer le sucre et réduire le feu. Laisser frémir le mélange jusqu'à ce qu'il ait réduit à l'équivalent de 120 ml.

4. Pendant ce temps, hacher finement le poivron et l'oignon. Les ajouter aux concombres avec la préparation au vinaigre et bien mélanger le tout. Transférer les légumes dans un bocal stérilisé (*voir* page 199), couvrir et mettre au moins 1 heure au réfrigérateur avant de servir. Ces légumes se conserveront 2 semaines au réfrigérateur.

ÉTAPE 4

ÉTAPE 1

Pour plus d'originalité, vous pourrez servir ce condiment directement dans son bocal. Veillez d'ailleurs à bien stériliser celui-ci avant d'y ajouter les légumes au vinaigre.

KETCHUP AU CHIPOTLE & MOUTARDE AU CHIPOTLE

PRÉPARATION (KETCHUP) : 5 minutes
PRÉPARATION (MOUTARDE) : 5 minutes
CUISSON (KETCHUP) : 8-10 minutes
CUISSON (MOUTARDE) : aucune

Pourquoi ne pas ajouter un petit coup de fouet à vos sauces préférées ? Ces recettes sont très simples, mais feront grande impression.

POUR 250 ML

KETCHUP
125 g de ketchup
½ cuil. à café de sauce Worcestershire
½ cuil. à café de sucre roux
1 cuil. à soupe de jus de citron, ou à volonté
1½ cuil. à café de poudre de piment chipotle, ou à volonté
1 cuil. à café de cumin en poudre
½ cuil. à café de curcuma en poudre
¼ cuil. à café de gingembre en poudre
sel

MOUTARDE
60 g de moutarde de Dijon
1 cuil. à café de poudre de piment chipotle, ou à volonté

1. Pour le ketchup, mélanger tous les ingrédients dans une petite casserole, saler et porter à frémissement à feu moyen. Cuire 5 minutes en remuant souvent, jusqu'à ce que le ketchup ait légèrement épaissi. Retirer la casserole du feu et laisser refroidir. Transférer le ketchup dans un bol stérilisé (*voir* page 199) et conserver jusqu'à 2 semaines au réfrigérateur.

2. Pour la moutarde, mettre les ingrédients dans un petit bol et bien les mélanger. Transférer le tout dans un bocal stérilisé (*voir* page 199) et conserver jusqu'à 2 semaines au réfrigérateur.

Le chipotle est un piment jalepeño fumé et séché très employé dans la cuisine mexicaine. Il ajoute une saveur incomparable aux plats.

SAUCE TARTARE

PRÉPARATION : 10 minutes, plus refroidissement   **CUISSON :** aucune

La sauce tartare est délicieuse avec tous les burgers à base de poisson, dont les burgers de la page 58.

POUR 250 ML
2 petits cornichons
1 oignon vert
1 cuil. à soupe de câpres
1 poignée de persil plat frais
180 g de mayonnaise
1 cuil. à soupe de jus de citron
sel et poivre

1. Hacher finement les cornichons, l'oignon vert, les câpres et le persil. Les mettre dans un bol et incorporer la mayonnaise.

2. Ajouter le jus de citron et mélanger, puis saler et poivrer. Couvrir et mettre 30 minutes à 2 jours au réfrigérateur avant de servir.

Pour plus d'originalité, ajoutez soit des œufs durs hachés, soit des olives – soit les deux !

SAUCE TOMATE À L'OIGNON ROUGE

PRÉPARATION : 15 minutes **CUISSON :** 1h25-1h40

POUR 4 PERSONNES

TOMATES SÉCHÉES AU FOUR
8 tomates mûres
1 à 2 cuil. à soupe d'huile d'olive vierge extra
sel et poivre

SAUCE
1 cuil. à soupe d'huile d'olive vierge extra
2 gros oignons rouges, finement émincés
150 g de roquette ou de pousses d'épinards

1. Pour les tomates séchées, préchauffer le four à 150 °C (th. 5). Couper les tomates en deux, les évider et les mettre dans un grand plat à rôti. Les arroser d'huile, puis les saler et les poivrer. Les cuire 1h15 à 1h30 au four préchauffé, jusqu'à ce qu'elles soient grillées mais toujours moelleuses.

2. Pour la sauce, chauffer l'huile dans une poêle, ajouter les oignons et les faire revenir à feu doux jusqu'à ce qu'ils soient tendres et dorés. Placer la moitié des tomates dans un robot de cuisine, les hacher finement et les ajouter dans la poêle avec les oignons.

3. Émincer les tomates restantes et les ajouter dans la poêle avec la roquette. Saler et poivrer, et cuire jusqu'à ce que les feuilles de roquette aient juste flétri. Servir immédiatement.

ÉTAPE 1

ÉTAPE 2

ÉTAPE 3

Cette recette est fabuleuse si vous faites pousser vos tomates. Qu'elles viennent de votre jardin ou du marché, veillez à ce qu'elles soient bien mûres.

185

GUACAMOLE

PRÉPARATION : 15 minutes, plus refroidissement

CUISSON : aucune

POUR 4 PERSONNES

1 tomate mûre
2 citrons verts
2 ou 3 petits avocats ou 1 ou 2 gros avocats
¼ à ½ oignon, finement haché
1 pincée de cumin en poudre
1 pincée de poudre de piment douce
½ à 1 piment vert frais, jalapeño ou serrano, épépiné et finement haché
1 cuil. à soupe de feuilles de coriandre fraîche hachées, un peu plus pour la garniture

1. Placer la tomate dans un bol, la couvrir d'eau bouillante et la laisser reposer 30 secondes. L'égoutter et la plonger ensuite dans de l'eau froide. Retirer la peau. Couper la tomate en deux, l'épépiner et hacher la chair.

2. Presser le jus de citrons verts dans un petit bol. Couper un avocat en deux autour du noyau, puis faire pivoter les deux moitiés dans des directions opposées. Planter la pointe d'un couteau dans le noyau et faire levier pour l'ôter de l'avocat. Peler délicatement la peau, couper la chair en dés et l'arroser de jus de citron vert de sorte qu'elle ne noircisse pas. Répéter l'opération avec les avocats restants. Écraser les avocats à la fourchette.

3. Ajouter l'oignon, la tomate, le cumin, la poudre de piment, le piment frais et la coriandre aux avocats. Presser un morceau de film alimentaire sur la surface du guacamole ainsi obtenu pour éviter qu'il ne noircisse. Conserver 1 à 2 jours au réfrigérateur.

KA-POW !

La qualité d'un guacamole dépend de la maturité des avocats. Les écraser à la fourchette plutôt que les mixer vous permet de contrôler la texture obtenue.

MAYONNAISE

PRÉPARATION : 5 minutes   **CUISSON :** aucune

Grand basique de la cuisine, la mayonnaise faite maison est plus douce et subtile que la mayonnaise prête à l'emploi.

POUR 300 ML

2 gros jaunes d'œufs
2 cuil. à café de moutarde de Dijon
¾ de cuil. à café de sel, ou à volonté
2 cuil. à soupe de jus de citron ou de vinaigre de vin blanc, un peu plus si nécessaire
environ 300 ml d'huile de tournesol
poivre blanc

1. Mixer les jaunes d'œufs avec la moutarde de Dijon, le sel et du poivre blanc dans un robot de cuisine, ou les battre à la main à l'aide d'un fouet. Ajouter le jus de citron et mixer de nouveau.

2. Moteur en marche ou sans cesser de battre, verser l'huile d'abord goutte à goutte. Dès que la mayonnaise commence à prendre, l'huile peut être versée en mince filet continu. Rectifier l'assaisonnement en ajoutant du sel, du poivre et du jus de citron si nécessaire. Si la mayonnaise est trop épaisse, ajouter très progressivement 1 cuillerée à soupe d'eau chaude ou de jus de citron.

3. Utiliser immédiatement ou conserver dans un bocal stérilisé (*voir* page 199) une semaine au réfrigérateur.

> Une bonne astuce pour préparer la mayonnaise est d'utiliser des œufs à température ambiante. Cela empêchera la mayonnaise de cailler.

CHOW CHOW
(SALSA DE MAÏS)

PRÉPARATION : *20 minutes, plus refroidissement* **CUISSON :** *20 minutes*

CETTE SALSA TRANSFORMERA UN SIMPLE BURGER EN UN VÉRITABLE DÉLICE. ELLE SE MARIERA TRÈS BIEN AVEC LES BURGERS AUX CREVETTES (*VOIR* PAGE 150).

POUR 1 L

3 épis de maïs
1 poivron rouge
1 piment jalapeño
120 ml de vinaigre de cidre
100 g de sucre roux
1 cuil. à soupe de sel
1 cuil. à soupe de graines de moutarde
½ cuil. à café de graines de céleri
1 oignon rouge, coupé en dés

1. Détacher les grains de maïs de leurs épis. Épépiner et émincer le poivron et le piment.

2. Placer le maïs, le poivron, le piment, le vinaigre, le sucre, le sel, les graines de moutarde et les graines de céleri dans une grande casserole et porter à ébullition à feu moyen à vif. Réduire le feu et cuire 15 minutes en remuant de temps en temps, jusqu'à ce que la préparation ait légèrement réduit. Le sucre doit fondre et assez de liquide pour enrober les légumes.

3. Incorporer l'oignon et retirer la casserole du feu. Laisser refroidir, puis transférer la salsa dans un bocal stérilisé (*voir* page 199), et conserver au réfrigérateur jusqu'à 1 mois.

ÉTAPE 2

ÉTAPE 1

Ce condiment sera très appétissant s'il est servi directement dans son bocal. Si vous souhaitez le conserver longtemps, investissez dans un stérilisateur à bocaux.

191

AÏOLI

PRÉPARATION : *10 minutes, plus refroidissement*   **CUISSON :** *aucune*

CETTE CÉLÈBRE MAYONNAISE À L'AIL, TYPIQUE DE LA CUISINE MÉDITERRANÉENNE, EST DESTINÉE AUX VRAIS AMATEURS D'AIL.

POUR 4 PERSONNES

3 grosses gousses d'ail, finement hachées
2 jaunes d'œufs
250 ml d'huile d'olive vierge extra
1 cuil. à soupe de jus de citron
1 cuil. à soupe de jus de citron vert
1 cuil. à soupe de moutarde de Dijon
1 cuil. à soupe d'estragon frais haché
sel et poivre
brin d'estragon frais, en garniture

1. Veiller à ce que tous les ingrédients soient à température ambiante. Placer l'ail et les jaunes d'œufs dans un robot de cuisine et les mixer ensemble. Moteur en marche, verser l'huile goutte à goutte jusqu'à ce que l'aïoli commence à prendre, puis en mince filet continu.

2. Ajouter le jus de citron, le jus de citron vert, la moutarde et l'estragon, puis saler et poivrer. Mixer de nouveau, puis transférer l'aïoli dans un bol non métallique. Garnir de brins d'estragon.

3. Couvrir et réserver jusqu'à 2 jours au réfrigérateur.

> L'ail est utilisé traditionnellement comme plante médicinale, car il nettoie l'organisme et préserve du vieillissement prématuré.

CHILI DE BŒUF

PRÉPARATION : *20 minutes* **CUISSON :** *1 heure*

CE DÉLICIEUX CHILI EST UTILISÉ DANS LA RECETTE DE BURGERS DE LA PAGE 36, MAIS PEUT TRÈS BIEN SE DÉGUSTER TEL QUEL.

POUR GARNIR 8 À 10 BURGERS

- 2 cuil. à soupe d'huile d'olive
- 1 oignon, haché
- 1 poivron rouge, coupé en dés
- 3 gousses d'ail, hachées
- 450 g de viande de bœuf fraîchement hachée
- 2 cuil. à soupe de poudre de piment
- ½ cuil. à café de piment de Cayenne
- 400 g de tomates concassées en boîte
- 420 ml d'eau
- 2 cuil. à soupe de persil frais haché
- sel et poivre

1. Chauffer 1 cuillerée à soupe d'huile dans une grande casserole à fond épais à feu moyen, ajouter l'oignon, le poivron et l'ail, et les faire revenir 5 minutes sans cesser de remuer, jusqu'à ce qu'ils soient tendres. Retirer les légumes de la casserole, puis y verser l'huile restante.

2. Dès que l'huile est chaude, ajouter la viande, la poudre de piment et le piment de Cayenne, puis saler et poivrer. Bien remuer de façon à enrober la viande d'épices, puis faire revenir 10 minutes en remuant souvent et en brisant les morceaux à l'aide d'une cuillère en bois. La viande doit être bien dorée.

3. Remettre les légumes dans la casserole, puis ajouter les tomates et leur jus. Verser l'eau, porter à ébullition et laisser mijoter 45 minutes à feu doux en remuant de temps en temps, jusqu'à obtention d'une sauce épaisse. Saler et poivrer à nouveau, puis incorporer le persil.

4. Servir immédiatement ou laisser refroidir et conserver jusqu'à 4 jours au réfrigérateur.

ÉTAPE 1

ÉTAPE 2

ÉTAPE 3

Pour faire plaisir aux gourmands, garnissez ce chili de fromage râpé juste avant de servir.

195

OIGNONS AU VINAIGRE

PRÉPARATION : 15 minutes, plus refroidissement
CUISSON : aucune

CES OIGNONS AIGRES DOUX N'ONT PAS BESOIN DE CUIRE. SERVEZ-LES À TABLE EN ACCOMPAGNEMENT DE TOUS VOS BURGERS.

POUR 500 ML
- 240 g de vinaigre blanc
- 100 g de sucre roux
- 1 cuil. à café de poudre de piment chipotle, ou à volonté
- 2 oignons rouges, coupés en anneaux
- sel

1. Dans un bol, mélanger le vinaigre, le sucre, la poudre de piment chipotle et du sel. battre le tout jusqu'à ce que le sucre soit dissous.

2. Placer les oignons dans un sac en plastique hermétique, ajouter le mélange précédent et secouer de façon à bien mélanger. Placer 30 minutes au réfrigérateur en secouant la poche de temps en temps. Égoutter avant de servir. Conserver 2 jours au réfrigérateur dans un récipient hermétique.

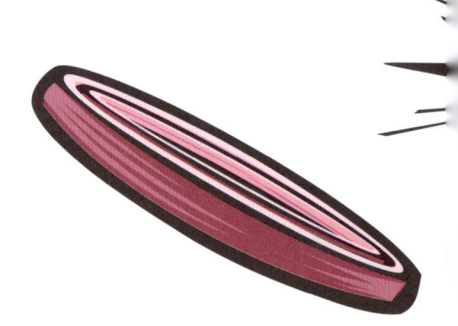

L'oignon est un aliment très bon pour la santé. Il aiderait à prévenir l'apparition des cancers et des maladies du cœur.

PIMENTS JALAPEÑO AU VINAIGRE

PRÉPARATION : 15 minutes, plus refroidissement

CUISSON : 15 minutes

Ces piments jalapeños viendront délicieusement relever vos burgers.

POUR 1 L

- 450 g de piments jalapeño
- 1 oignon blanc
- 8 gousses d'ail
- 720 ml de vinaigre de cidre ou de vinaigre blanc
- 2 cuil. à soupe de sel
- 2 feuilles de laurier
- 2 cuil. à café de sucre

1. Ébouter les piments et les couper en anneaux épais.

2. Peler et concasser l'oignon. Peler les gousses d'ail.

3. Placer le vinaigre, le sel, le laurier et le sucre dans une casserole et porter à ébullition. Ajouter les piments, l'oignon et l'ail, puis réduire le feu et laisser mijoter 5 minutes, jusqu'à ce que les piments soient tendres.

4. Transférer les piments dans un bocal stérilisé (*voir* page ci-contre) en laissant 2,5 cm d'espace entre les piments et le haut du bocal. Compléter l'espace par du vinaigre et laisser refroidir à température ambiante. Déposer un disque de papier sulfurisé dans le bocal, fermer hermétiquement et conserver 2 mois au réfrigérateur.

> Pour stériliser un bocal, laver celui-ci à l'eau savonneuse, puis bien le rincer et le placer sur une grille dans une grande marmite. Remplir la marmite d'eau, la couvrir et porter à ébullition. Laisser bouillir 10 minutes, puis conserver le bocal dans l'eau avant usage.

PETITS PAINS

PRÉPARATION : 20 minutes, plus repos

CUISSON : 15-20 minutes

POUR 8 PETITS PAINS

350 g de farine, un peu plus pour saupoudrer
1½ cuil. à café de sel
2 cuil. à café de sucre en poudre
1 cuil. à café de levure de boulanger déshydratée
160 ml d'eau tiède
160 ml de lait tiède
huile végétale, pour graisser
2 à 3 cuil. à soupe de graines de sésame

1. Tamiser ensemble la farine et le sel dans un bol, puis ajouter la levure et le sucre. Creuser un puits au centre du mélange et y verser l'eau et le lait. Bien mélanger à l'aide d'une cuillère en bois jusqu'à ce que les ingrédients s'amalgament, puis pétrir avec les mains. Dès que la pâte se détache des parois du bol, la transférer sur un plan de travail fariné et la pétrir encore 10 minutes, jusqu'à ce qu'elle soit souple et élastique.

2. Huiler un autre bol. Façonner la pâte en boule, la mettre dans le bol huilé et la couvrir de film alimentaire ou d'un torchon. Laisser la pâte lever 1 heure près d'une source de chaleur, jusqu'à ce qu'elle ait doublé de volume.

3. Huiler 2 plaques de four. Retourner la pâte sur un plan de travail fariné et la cogner avec les poings. La diviser ensuite en 8 portions, façonner les portions en boules et les répartir sur les plaques. Aplatir légèrement les boules avec les mains farinées, puis couvrir les plaques de film alimentaire ou de torchons. Laisser lever encore 30 minutes près d'une source de chaleur.

4. Préchauffer le four à 200 C° (th. 6-7). Presser légèrement le centre des boules de pâte pour en extraire les éventuelles bulles d'air qui se seraient formées. Huiler les boules de pâte et les parsemer de graines de sésame. Les cuire 15 à 20 minutes, jusqu'à ce qu'elles soient dorées, puis les laisser refroidir sur une grille.

ÉTAPE 3

ÉTAPE 1

Vous ne pourrez que constater la différence entre des petits pains faits maison et ceux que vous trouvez dans le commerce !

OIGNONS CARAMÉLISÉS

PRÉPARATION : 5 minutes   **CUISSON :** 25 minutes

Des oignons émincés et longuement mijotés constituent un parfait accompagnement pour tous vos burgers.

POUR 4 À 6 PERSONNES

- 1 à 2 cuil. à soupe d'huile d'olive ou d'huile végétale
- ½ oignon rouge, émincé
- ½ cuil. à café de romarin, de thym ou d'origan frais finement hachés (facultatif)
- ½ cuil. à café de vinaigre de vin rouge
- sel et poivre

1. Chauffer l'huile dans une grande poêle à feu moyen jusqu'à ce qu'elle soit crépitante. Ajouter l'oignon et le cuire 3 minutes sans remuer, jusqu'à ce qu'il ait doré sur une face. Ajouter les herbes, mélanger et poursuivre la cuisson 12 minutes en remuant de temps en temps, jusqu'à ce que l'oignon soit uniformément doré.

2. Saler et poivrer. Ajouter le vinaigre et cuire encore 8 à 10 minutes, jusqu'à ce que l'oignon soit très tendre.

3. Servir immédiatement ou laisser refroidir et conserver 3 jours dans un récipient hermétique.

ÉTAPE 2

ÉTAPE 1

Ces oignons caramélisés sont sucrés et gourmands. Ils sont de plus très faciles à préparer et requièrent peu d'attention.

203

OIGNONS FRITS

PRÉPARATION : 15 minutes   **CUISSON : 15 minutes**

POUR 4 À 6 PERSONNES

100 g de farine
1 pincée de sel
1 œuf
160 ml de lait écrémé
4 gros oignons
huile végétale, pour la cuisson
poudre de piment, à volonté (facultatif)
sel et poivre
feuilles de laitue, en accompagnement

1. Pour préparer la pâte, tamiser la farine et une pincée de sel dans un grand bol, puis creuser un puits au centre du mélange. Casser l'œuf dans le puits et battre à l'aide d'un fouet. Incorporer progressivement le lait de façon à obtenir une pâte lisse.

2. Détailler les oignons en rondelles de 3,5 cm d'épaisseur, puis séparer les rondelles en anneaux.

3. Chauffer l'huile dans une friteuse ou une casserole profonde à fond épais jusqu'à ce qu'elle atteigne 180 à 190 °C (un dé de pain plongé doit y dorer en 30 secondes).

4. Avec la pointe d'une fourchette, passer quelques anneaux d'oignon dans la pâte, puis les plonger dans l'huile chaude et les faire frire 1 à 2 minutes, jusqu'à ce qu'ils remontent à la surface de l'huile et soient croustillants et dorés. Les sortir de l'huile, les égoutter sur du papier absorbant et les réserver au chaud. Répéter l'opération avec les oignons restants. Ne pas faire frire trop d'anneaux en même temps car cela ferait baisser la température de l'huile et les oignons deviendraient huileux.

5. Saupoudrer les oignons frits de poudre de piment, puis les saler et les poivrer. Servir immédiatement sur un lit de feuilles de laitue.

Il existe des dizaines d'astuces de grand-mère pour éviter de pleurer en coupant les oignons : ne couper la racine qu'à la toute fin, peler les oignons sous l'eau froide, les mettre au réfrigérateur avant de les couper, et même siffler !

FRITES

PRÉPARATION : 10 minutes, plus trempage

CUISSON : 25-30 minutes

POUR 4 PERSONNES

3 grosses pommes de terre

huile de tournesol, de maïs ou d'arachide, pour la friture

sel et poivre

1. Peler les pommes de terre et les détailler en frites de 1,3 cm d'épaisseur. Les plonger immédiatement dans de l'eau froide pour éviter qu'elles noircissent, puis les laisser tremper 30 minutes de façon à retirer l'excédent d'amidon.

2. Égoutter les pommes de terre et les sécher sur un torchon. Chauffer l'huile dans une friteuse ou une sauteuse jusqu'à ce qu'elle atteigne 190 °C. À défaut de thermomètre de cuisine, tester la température en plongeant une frite dans l'huile. Si la frite coule, l'huile n'est pas assez chaude, si elle flotte et que l'huile grésille autour, l'huile est prête. Plonger délicatement quelques frites dans l'huile (plonger trop de frites en même temps dans l'huile ferait chuter la température de celle-ci et ne permettrait pas une cuisson uniforme) et les faire frire 5 à 6 minutes, jusqu'à ce qu'elles soient tendres, sans avoir doré. Les retirer de l'huile et les égoutter sur du papier absorbant. Les laisser refroidir au moins 5 minutes. Poursuivre la cuisson des frites de la même façon, en laissant l'huile revenir à la bonne température entre chaque fournée.

3. Au moment de servir, réchauffer l'huile jusqu'à ce qu'elle atteigne 200 °C et y faire frire les frites 2 à 3 minutes en petites fournées, jusqu'à ce qu'elles soient dorées. Les retirer de l'huile, les égoutter sur du papier absorbant et les servir immédiatement, salées et poivrées.

Qu'il s'agisse de frites, de pommes sautées ou de chips, un bon burger serait incomplet sans une bonne ration de pommes de terre dorées et croustillantes.

SALADE DE POMMES DE TERRE

PRÉPARATION : 30 minutes, plus refroidissement

CUISSON : 30 minutes

FROIDE ET CRÉMEUSE, CETTE SALADE DE POMMES DE TERRE DEVRAIT FAIRE PARTIE DE TOUTE APRÈS-MIDI BARBECUE.

POUR 8 PERSONNES

- 1,25 kg de pommes de terre
- 125 g de mayonnaise
- 60 g de crème aigre
- 80 ml de vinaigre de vin blanc
- 1 cuil. à café de moutarde en grains
- ½ cuil. à café de flocons de piment
- ½ oignon rouge, finement haché
- 1 branche de céleri, finement hachée
- 30 g de cornichons, hachés
- 30 g de poivron rouge grillé haché
- 2 œufs durs, hachés (facultatif)
- sel et poivre

1. Placer les pommes de terre non pelées dans une casserole, les couvrir d'eau et saler. Porter à ébullition à feu vif, puis réduire le feu et laisser mijoter 20 à 30 minutes, jusqu'à ce que les pommes de terre soient tendres.

2. Placer la mayonnaise, la crème aigre, le vinaigre, la moutarde et les flocons de piments dans un bol, puis saler et poivrer. Bien mélanger le tout.

3. Égoutter les pommes de terre et les laisser tiédir, puis les peler avec les doigts ou un économe. Couper les pommes de terre en dés de 1,5 cm et les ajouter dans le bol tant qu'elles sont encore tièdes. Incorporer l'oignon, le céleri, les cornichons, le poivron grillé et éventuellement les œufs durs. Couvrir et mettre 2 heures à une nuit au réfrigérateur. Consommer dans les 1 à 2 jours.

ÉTAPE 3

ÉTAPE 1

LA SALADE DE POMMES DE TERRE EST TRÈS SOUVENT AGRÉMENTÉE D'ŒUFS DURS. FAITES SIMPLEMENT BOUILLIR 2 ŒUFS ET AJOUTEZ-LES À LA SALADE AVEC LES AUTRES INGRÉDIENTS.

Salade de macaronis

Préparation : *30 minutes, plus refroidissement* **Cuisson :** *10 minutes*

Cette salade est parfaite pour d'un pique-nique.

Pour 6 à 8 personnes

- 225 g de macaronis secs
- 60 g de mayonnaise, un peu plus si nécessaire
- 60 g de yaourt nature
- 1 cuil. à soupe de jus de citron
- ½ cuil. à café de sel à l'ail
- ¼ de cuil. à café de poivre
- 1 branche de céleri, coupée en dés
- 3 oignons verts, hachés
- 30 g d'olives noires, hachées
- ½ tomate, hachée
- 2 cuil. à soupe de persil plat frais haché
- sel et poivre

1. Porter une casserole d'eau salée à ébullition, ajouter les macaronis et les cuire en suivant les instructions figurant sur l'emballage. Les égoutter.

2. Pendant ce temps, mélanger la mayonnaise, le yaourt, le jus de citron, le sel à l'ail et le poivre dans un grand bol. Incorporer les macaronis chauds, puis ajouter le céleri, les oignons verts, les olives, les tomates et le persil. Saler et poivrer, puis ajouter davantage de mayonnaise si le mélange semble trop sec. Laisser refroidir complètement.

3. Couvrir de film alimentaire et mettre au moins 2 heures au réfrigérateur, jusqu'à ce que la salade soit froide. Servir froid. Conserver jusqu'à 3 jours au réfrigérateur.

Il existe de nombreuses variantes de cette recette. Vous pouvez choisir d'autres ingrédients pour la garniture, ainsi que la température à laquelle vous servez la salade.

LIMONADE

PRÉPARATION : 15 minutes, plus repos

CUISSON : aucune

QUOI DE PLUS RAFRAÎCHISSANT QUE DE LA LIMONADE FAITE MAISON ? SANS COLORANT NI CONSERVATEUR, CETTE BOISSON EST TRÈS SAINE.

POUR 6 PERSONNES

4 gros citrons, de préférence non traités
225 g de sucre
840 ml d'eau bouillante
glaçons

1. Gratter et laver les citrons, puis bien les sécher. À l'aide d'un couteau économe, prélever le zeste de 3 citrons. Placer le zeste dans un grand bol, ajouter le sucre et l'eau bouillante, et mélanger jusqu'à ce que le sucre soit dissous. Couvrir et laisser reposer au moins 3 heures en remuant de temps en temps. Pendant ce temps, presser les 3 citrons zestés et en réserver le jus.

2. Retirer les zestes de citrons du mélange et les jeter. Ajouter ensuite le jus de citron réservé. Détailler le citron restant en fines rondelles, puis couper les rondelles en deux. Ajouter les demi-rondelles à la limonade avec des glaçons, mélanger et servir immédiatement.

Vous pouvez essayer d'utiliser des oranges ou des citrons verts, ou un mélange des trois fruits.

THÉ GLACÉ AUX AGRUMES

PRÉPARATION : *10 minutes, plus refroidissement*

CUISSON : *5 minutes*

Le thé glacé est toujours apprécié, même par ceux qui ne sont pas amateurs de thé. Cette version est particulièrement rafraîchissante et fruitée.

POUR 2 PERSONNES
- 300 ml d'eau
- 2 sachets de thé
- 120 ml de jus d'orange
- 60 ml de jus de citron vert
- 1 à 2 cuil. à soupe de sucre roux
- glaçons

DÉCORATION
- quartiers de citron vert
- sucre cristallisé
- rondelles d'orange ou de citron vert

1. Verser l'eau dans une casserole et la porter à ébullition. Retirer la casserole du feu, ajouter les sachets de thé et laisser infuser 5 minutes. Retirer les sachets de l'eau. Laisser le thé revenir à température ambiante, puis le verser dans un pichet et couvrir de film alimentaire. Placer au moins 45 minutes au réfrigérateur.

2. Dès que le thé est bien froid, ajouter le jus d'orange et le jus de citron vert. Sucrer à son goût.

3. Frotter les bords de deux verres avec un quartier de jus de citron vert, puis les passer dans le sucre cristallisé de façon à les glacer. Placer des glaçons dans les verres et verser le thé glacé par-dessus. Décorer de rondelles d'orange et de citron vert, et servir immédiatement.

KA-POW !

Le thé glacé remporte toujours un franc succès lors des chaudes journées d'été. Placez des seaux à glaçons à divers endroits du jardin pour que vos invités puissent se resservir à volonté.

MOJITO

PRÉPARATION : 5 minutes   **CUISSON :** aucune

Ce cocktail cubain est récemment revenu à la mode. Impressionnez vos invités avec cette boisson gourmande !

POUR 1 PERSONNE

1 cuil. à café de sirop de gomme
quelques feuilles de menthe fraîche
jus d'un demi-citron vert
glaçons
2 doses de rhum jamaïquain
eau gazeuse
1 trait d'angostura

1. Placer le sirop, les feuilles de menthe et le jus de citron vert dans un verre et écraser les feuilles de menthe.

2. Ajouter les glaçons et le rhum, puis compléter avec de l'eau gazeuse. Finir par un trait d'angostura. Servir immédiatement.

Le rhum brun est riche en saveurs et évoque des vacances au soleil.

MARGARITA

PRÉPARATION : 5 minutes   **CUISSON :** aucune

Ce cocktail, inventé en 1942 au Mexique, est une façon raffinée de déguster de la tequila – plutôt que de se contenter de petits shots.

POUR 1 PERSONNE

quartiers de citron vert
gros sel
3 doses de tequila
1 dose de triple-sec ou cointreau
2 doses de jus de citron vert
glace pilée

1. Frotter les bords d'un verre à cocktail avec le quartier de citron vert, puis les passer dans du gros sel.

2. Placer la tequila, le triple-sec et le jus de citron vert dans un shaker, ajouter la glace pilée et secouer vigoureusement jusqu'à ce que le shaker soit givré.

3. Filtrer la boisson dans le vert et décorer d'un quartier de citron vert. Servir immédiatement.

Ce cocktail rafraîchissant offre une délicieuse combinaison d'ingrédients. Rien d'étonnant à ce qu'il soit le cocktail le plus célèbre au monde.

Agneau
  Burgers à l'agneau 50
  Burgers à l'agneau
    en pain pita 144
  Burgers à l'agneau
    et à la feta 158
  Burgers
    à la marocaine 124
Ail
  Aïoli 192
  Burgers à la sauce
    pimentée et aillée 162
  Burgers au beurre
    persillé 48
  Burgers façon club
    sandwiches 46
  Burgers sauce
    barbecue 44
  Burgers sloppy joes 40
  Burgers traditionnels
    14
  Sauce barbecue 172
Aïoli 192
  Burgers au mahi-mahi
    102
  Tofuburgers 18
Amandes
  Galettes de dinde
    à l'estragon 78
Ananas
  Burgers australiens
    126
  Burgers hawaïens 132
Asperges
  Burgers BLT
    aux asperges 96
Aubergines
  Burgers à l'agneau
    50
Avocats
  Burgers « BLT »
    aux asperges 96

Burgers californiens
  156
Guacamole 186

Bacon
Burgers au poulet
  et au bacon 52
Burgers BLT
  aux asperges 96
Burgers façon club
  sandwiches 46
Cheeseburgers au bacon
  20
Galettes de porc à la mode
  cajun 128
Basilic
Burgers au mahi-mahi
  102
Betteraves
Burgers à la betterave 70
Burgers australiens
  126
Bleu
Burgers au bleu 32
Burgers farcis au bleu
  110
Bœuf
Burger teriyaki 166
Burgers à la sauce
  pimentée et aillée 162
Burgers à la truffe 100
Burgers argentins
  au chimichurri 136
Burgers au beurre
  persillé 48
Burgers au bleu 32
Burgers au chili 36
Burgers au pastrami
  88
Burgers au raïta 146
Burgers australiens
  126

Burgers aux cèpes 106
Burgers
  aux champignons 34
Burgers
  aux champignons sautés
  98
Burgers aux oignons
  caramélisés 38
Burgers du boucher
  92
Burgers façon tartare
  82
Burgers fumés 94
Burgers juicy lucy 60
Burgers juicy lucy 60
Burgers kimchis 140
Burgers londoniens
  122
Burgers mexicains 54
Burgers noir et bleu
  68
Burgers sans pain 62
Burgers sauce
  barbecue 44
Burgers sloppy joes
  40
Burgers traditionnels
  14
Cheeseburgers 16
Cheeseburgers au bacon
  20
Cheeseburgers au piment
  vert 142
Cheeseburgers méli-mélo
  28
Chili de bœuf 194
Doubles Burgers 30
Loco moco 160
Paty melts 56
Sliders 118
Tartines aux légumes
  grillés 108

220

Boulgour
  Galettes de dinde
    à l'estragon 78
Brocoli
  Galettes de patates douces
    au munster 80

Cacahuètes
  Burgers au poulet
    et à la cacahuète 154
Carottes
  Burger teriyaki 166
  Coleslaw 176
Cèpes
  Burgers aux cèpes 106
Champignons
  Burgers
    à la mozzarella
    et aux champignons 114
  Burgers aux cèpes 106
  Burgers
    aux champignons 34
  Burgers aux
    champignons sautés 98
  Burgers façon bento
    138
Chow chow 190
Ciboulette
  Burgers aux crevettes
    et chow chow 150
Citronnelle
  Burgers au crabe thaï
    130
Citrons
  Burgers argentins
    au chimichurri 136
  Galettes de dinde à la
    menthe et au citron 86
  Limonade 212
Citrons verts
  Loco moco 160
  Margarita 218

Mojito 216
Thé glacé aux agrumes
  214
Coleslaw 176
Concombre
  Burger teriyaki 166
  Burgers
    à la marocaine 124
  Burgers au raïta 146
  Légumes au vinaigre 178
Coriandre
  Tofuburgers 18
Cornichons
  Burgers façon tartare
    82
  Doubles Burgers 30
  Sauce tartare 182
Courgettes
  Burgers à la betterave
    70
  Burgers au porc 72
  Burgers sans pain 62
  Tartines aux légumes
    grillés 108
Crabe
  Burgers au crabe
    du Maryland 90
  Burgers au crabe thaï
    130
Crème fraîche
  Burgers au saumon
    84
  Burgers BLT
    aux asperges 96
Crevettes
  Burgers au crabe thaï
    130
  Burgers aux crevettes
    et chow chow 150
Cumin
  Burgers à l'agneau
    en pain pita 144

Burgers aux
  champignons sautés 98
Dinde
  Burgers à la dinde 22
  Burgers californiens
    156
  Burgers de dinde
    au gorgonzola 104
  Burgers de dinde
    ponzu mayo 164
  Burgers façon club
    sandwiches 46
  Burgers mexicains 134
  Galettes de dinde
    à l'estragon 78
  Galettes de dinde à la
    menthe et au citron 86
  Doubles Burgers 30
Échalotes
  Burgers de dinde
    au gorgonzola 104
Épices
  Burgers au raïta 146
  Burgers épicés
    aux lentilles 148
  Burgers jamaïquains
    120
  Burgers noir et bleu 68
  Effilochée de porc 66
Épinards
  Burgers au saumon 84
  Burgers façon bento
    138
Estragon
  Galettes de dinde
    à l'estragon 78
Frites 206
Fromage
  Burgers à l'agneau
    et à la feta 158

221

Burgers
    à la mozzarella
    et aux champignons 114
Burgers à la pomme
    et au fromage 76
Burgers à la truffe 100
Burgers au bleu 32
Burgers au mahi-mahi
    102
Burgers au pastrami
    88
Burgers au poulet
    et au bacon 52
Burgers aux cèpes 106
Burgers
    aux champignons 34
Burgers aux
    champignons sautés
    98
Burgers aux oignons
    caramélisés 38
Burgers de dinde
    au gorgonzola 104
Burgers du boucher
    92
Burgers farcis au bleu
    110
Burgers fumés 94
Burgers juicy lucy 60
Burgers mexicains 54
Burgers noir et bleu
    68
Burgers végétariens
    26
Cheeseburgers 16
Cheeseburgers au bacon
    20
Cheeseburgers au piment
    vert 142
Cheeseburgers méli-mélo
    28
Doubles Burgers 30

Galettes de patates douces
    au munster 80
Paty melts 56
Sliders 118
Fruits à coque
    Burgers à la pomme
    et au fromage 76

Gingembre
    Burgers au crabe thaï
    130
    Burgers kimchis 140
    Cheeseburgers au piment
    vert 142
Guacamole 186

Haricots
    Burgers aux haricots
        recuits 42
    Burgers mexicains 134
    Burgers végétariens
    26

Ketchup
    Ketchup au chipotle et
        moutarde au chipotle 180
    Ketchup maison 170

Laitue
    Burgers à la pomme
        et au fromage 76
    Burgers au crabe
        du Maryland 90
    Burgers au pastrami
        88
    Burgers BLT
        aux asperges 96
    Burgers du boucher
        92
    Burgers sans pain 62
    Galettes de thon et
        salsa de mangue 74

Légumes
    Burgers au porc
        banh mi 152
    Burgers teriyaki 166
    Burgers végétariens
    26
    Légumes au vinaigre 178
Lentilles
    Burgers épicés
        aux lentilles 148
Limonade 212

Mahi-mahi
    Burgers au mahi-mahi
    102
Mangue
    Galettes de thon et
        salsa de mangue 74
Margarita 218
Mayonnaise 188
    Burgers à l'agneau 50
    Burgers de dinde
        ponzu mayo 164
    Burgers mexicains 134
    Coleslaw 176
    Sauce tartare 182
Menthe
    Burgers à l'agneau 50
    Burgers
        à la marocaine 124
    Galettes de dinde à la
        menthe et au citron 86
Millet
    Burgers à la betterave 70
Moutarde
    Burgers à l'agneau 50
    Burgers traditionnels
    14
    Cheeseburgers méli-mélo
    28
    Ketchup au chipotle et
        moutarde au chipotle 180

222

Moutarde maison 174
Mojito 216
Moutarde maison 174

Œufs
　Burgers façon tartare 82
　Burgers londoniens 122
　Loco moco 160
　Mayonnaise 188
Oignons
　Burgers à la dinde 22
　Burgers argentins au chimichurri 136
　Burgers au bleu 32
　Burgers au chili 36
　Burgers aux cèpes 106
　Burgers aux champignons 34
　Burgers aux oignons caramélisés 38
　Galettes de patates douces au munster 80
　Oignons au vinaigre 196
　Oignons caramélisés 202
　Oignons frits 204
　Salade de pommes de terre 208
　Sauce aux figues 94
　Sauce tomate à l'oignon rouge 184
Oignons caramélisés 202
　Burgers aux oignons caramélisés 38
Oignons frits 204
Oignons verts
　Burgers au porc 72
　Burgers aux haricots recuits 42
　Burgers kimchis 140

Galettes de thon et salsa de mangue 74
Olives
　Salade de macaronis 210
Oranges
　Thé glacé aux agrumes 214

Pain
　Petits pains 200
Panais
　Burgers au porc 72
Pastrami
　Burgers au pastrami 88
Patates douces
　Burgers aux crevettes et chow chow 150
　Galettes de patates douces au munster 80
　Galettes de thon et salsa de mangue 74
Pâtes
　Salade de macaronis 210
Paty melts 56
Pesto
　Burgers à la mozzarella et aux champignons 114
Pignons
　Burgers à l'agneau et à la feta 158
　Burgers au poulet et au bacon 52
　Burgers au saumon 84
Piments
　Burgers à la sauce pimentée et aillée 162
　Burgers au chili 36
　Burgers au poulet et à la cacahuète 154
　Burgers mexicains 134

Burgers mexicains 54
Cheeseburgers au piment vert 142
Chili de bœuf 194
Galettes de patates douces au munster 80
Guacamole 186
Piments Jalapeño au vinaigre 198
Pita
　Burgers à l'agneau en pain pita 144
　Burgers à la marocaine 124
Pois chiches
　Burgers aux haricots recuits 42
Poisson
　Burgers au poisson 58
　Burgers au veau 112
Poivre en grains
　Burgers au veau 112
　Burgers façon tartare 82
Poivrons
　Burgers à l'agneau 50
　Burgers jamaïquains 120
　Burgers sloppy joes 40
　Chow chow 190
　Galettes de dinde à l'estragon 78
　Ketchup au chipotle et moutarde au chipotle 180
　Légumes au vinaigre 178
　Piments Jalapeño au vinaigre 198
　Sauce barbecue 172
Pommes
　Burgers à la dinde 22

223

Burgers à la pomme
  et au fromage 76
Galettes de porc à la mode
  cajun 128
Pommes de terre
  Burgers à la pomme
    et au fromage 76
  Burgers au saumon 84
  Burgers épicés
    aux lentilles 148
  Frites 206
  Salade de pommes
    de terre 208
Porc
  Burgers
    à la mozzarella
    et aux champignons 114
  Burgers à la sauce
    pimentée et aillée 162
  Burgers au porc 72
  Burgers au porc 72
  Burgers au porc
    banh mi 152
  Burgers hawaïens
    132
  Burgers kimchis 140
Poulet
  Burgers au poulet 24
  Burgers au poulet
    et à la cacahuète 154
  Burgers au poulet
    et au bacon 52
  Burgers jamaïquains
    120
  Effilochée de porc 66
  Galettes de porc à la mode
    cajun 128
Pousses de soja
  Burgers au crabe thaï
    130
  Burgers californiens
    156

Raïta
  Burgers au raïta 146
Rhum
  Mojito 216
Riz
  Burgers façon bento
    138
  Burgers végétariens
    26
  Loco moco 160
Romarin
  Burgers à l'agneau
    et à la feta 158
  Burgers aux oignons
    caramélisés 38
  Burgers façon club
    sandwiches 46
Roquette
  Burgers au veau 112
  Sauce tomate à l'oignon
    rouge 184

Salade de macaronis
  210
Sauce aux figues 94
Sauce barbecue 172
  Burgers sauce
    barbecue 44
Sauce tartare 182
Saumon
  Burgers au saumon
    84
Sésame
  Burgers de dinde
    ponzu mayo 164
Sliders 118
Sloppy joes 40
Tahini
  Burgers à l'agneau
    en pain pita 144
Tartines aux légumes grillés
  108

Thé
  Thé glacé aux agrumes
    214
Tequila
  Margarita 218
Tomates
  Burgers à la truffe
    100
  Burgers au crabe
    du Maryland 90
  Burgers au poulet 24
  Burgers BLT
    aux asperges 96
  Burgers du boucher
    92
  Galettes de thon
    et salsa de mangue
    74
  Ketchup maison 170
  Salade de macaronis
    210
  Sauce tomate à l'oignon
    rouge 184
  Tartines aux légumes
    grillés 108

Veau
  Burgers au veau 112

Yaourt
  Burgers à la betterave
    70
  Burgers
    à la marocaine 124
  Burgers au raïta
    146
  Coleslaw 176